U0937908

本书由
中央高校建设世界一流大学（学科）
和特色发展引导专项资金
资助

中南财经政法大学"双一流"建设文库

长 | 江 | 经 | 济 | 带 | 系 | 列 |

保障房建设的社会空间效应研究

李梦玄 著

中国财经出版传媒集团

经济科学出版社
Economic Science Press

图书在版编目（CIP）数据

保障房建设的社会空间效应研究/李梦玄著 . —北京：经济科学出版社，2020. 5
（中南财经政法大学“双一流”建设文库）
ISBN 978 - 7 - 5218 - 1569 - 6

Ⅰ. ①保…　Ⅱ. ①李…　Ⅲ. ①保障性住房 - 住宅建设 - 研究 - 中国　Ⅳ. ①F299. 233. 5

中国版本图书馆 CIP 数据核字（2020）第 079474 号

责任编辑：孙丽丽　撖晓宇
责任校对：王肖楠
版式设计：陈宇琰
责任印制：李　鹏　范　艳

保障房建设的社会空间效应研究
李梦玄　著
经济科学出版社出版、发行　新华书店经销
社址：北京市海淀区阜成路甲 28 号　邮编：100142
总编部电话：010 - 88191217　发行部电话：010 - 88191522
网址：www. esp. com. cn
电子邮箱：esp@ esp. com. cn
天猫网店：经济科学出版社旗舰店
网址：http：//jjkxcbs. tmall. com
北京季蜂印刷有限公司印装
787 × 1092　16 开　12. 25 印张　200000 字
2020 年 5 月第 1 版　2020 年 5 月第 1 次印刷
ISBN 978 - 7 - 5218 - 1569 - 6　定价：49. 00 元
（图书出现印装问题，本社负责调换。电话：010 - 88191510）

总　序

“中南财经政法大学‘双一流’建设文库”是中南财经政法大学组织出版的系列学术丛书，是学校“双一流”建设的特色项目和重要学术成果的展现。

中南财经政法大学源起于1948年以邓小平为第一书记的中共中央中原局在挺进中原、解放全中国的革命烽烟中创建的中原大学。1953年，以中原大学财经学院、政法学院为基础，荟萃中南地区多所高等院校的财经、政法系科与学术精英，成立中南财经学院和中南政法学院。之后学校历经湖北大学、湖北财经专科学校、湖北财经学院、复建中南政法学院、中南财经大学的发展时期。2000年5月26日，同根同源的中南财经大学与中南政法学院合并组建“中南财经政法大学”，成为一所财经、政法“强强联合”的人文社科类高校。2005年，学校入选国家“211工程”重点建设高校；2011年，学校入选国家“985工程优势学科创新平台”项目重点建设高校；2017年，学校入选世界一流大学和一流学科（简称“双一流”）建设高校。70年来，中南财经政法大学与新中国同呼吸、共命运，奋勇投身于中华民族从自强独立走向民主富强的复兴征程，参与缔造了新中国高等财经、政法教育从创立到繁荣的学科历史。

“板凳要坐十年冷，文章不写一句空”，作为一所传承红色基因的人文社科大学，中南财经政法大学将范文澜和潘梓年等前贤们坚守的马克思主义革命学风和严谨务实的学术品格内化为学术文化基因。学校继承优良学术传统，深入推进师德师风建设，改革完善人才引育机制，营造风清气正的学术氛围，为人才辈出提供良好的学术环境。入选“双一流”建设高校，是党和国家对学校70年办学历史、办学成就和办学特色的充分认可。“中南大”人不忘初心，牢记使命，以立德树人为根本，以“中国特色、世界一流”为核心，坚持内涵发展，“双一流”建设取得显著进步：学科体系不断健全，人才体系初步成型，师资队伍不断壮大，研究水平和创新能力不断提高，现代大学治理体系不断完善，国际交流合作优化升级，综合实力和核心竞争力显著提升，为在 2048 年建校百年时，实现主干学科跻身世界一流学科行列的发展愿景打下了坚实根基。

“当代中国正经历着我国历史上最为广泛而深刻的社会变革，也正在进行着人类历史上最为宏大而独特的实践创新”，“这是一个需要理论而且一定能够产生理论的时代，这是一个需要思想而且一定能够产生思想的时代”①。坚持和发展中国特色社会主义，统筹推进“五位一体”总体布局和协调推进“四个全面”战略布局，实现“两个一百年”奋斗目标、实现中华民族伟大复兴的中国梦，需要构建中国特色哲学社会科学体系。市场经济就是法治经济，法学和经济学是哲学社会科学的重要支撑学科，是新时代构建中国特色哲学社会科学体系的着力点、着重点。法学与经济学交叉融合成为哲学社会科学创新发展的重要动力，也为塑造中国学术自主性提供了重大机遇。学校坚持财经政法融通的办学定位和学科学术发展战略，“双一流”建设以来，以“法与经济学科群”为引领，以构建中国特色法学和经济学学科、学术、话语体系为己任，立足新时代中国特色社会主义伟大实践，发掘中国传统经济思想、法律文化智慧，提炼中国经济发展与法治实践经验，推动马克思主义法学和经济学中国化、现代化、国际化，产出了一批高质量的研究成果，“中南财经政法大学‘双一流’建设文库”即为其中部分学术成果的展现。

文库首批遴选、出版二百余册专著，以区域发展、长江经济带、“一带一路”、创新治理、中国经济发展、贸易冲突、全球治理、数字经济、文化传承、生态文明等十个主题系列呈现，通过问题导向、概念共享，探寻中华文明生生不息的内在复杂性与合理性，阐释新时代中国经济、法治成就与自信，展望人类命运共同体构建过程中所呈现的新生态体系，为解决全球经济、法治问题提供创新性思路和方案，进一步促进财经政法融合发展、范式更新。本文库的著者有德高望重的学科开拓者、奠基人，有风华正茂的学术带头人和领军人物，亦有崭露头角的青年一代，老中青学者秉持家国情怀，述学立论、建言献策，彰显“中南大”经世济民的学术底蕴和薪火相传的人才体系。放眼未来、走向世界，我们以习近平新时代中国特色社会主义思想为指导，砥砺前行，凝心聚

① 习近平：《在哲学社会科学工作座谈会上的讲话》，2016 年 5 月 17 日。

力推进“双一流”加快建设、特色建设、高质量建设，开创“中南学派”，以中国理论、中国实践引领法学和经济学研究的国际前沿，为世界经济发展、法治建设做出卓越贡献。为此，我们将积极回应社会发展出现的新问题、新趋势，不断推出新的主题系列，以增强文库的开放性和丰富性。

“中南财经政法大学‘双一流’建设文库”的出版工作是一个系统工程，它的推进得到相关学院和出版单位的鼎力支持，学者们精益求精、数易其稿，付出极大辛劳。在此，我们向所有作者以及参与编纂工作的同志们致以诚挚的谢意！

因时间所囿，不妥之处还恳请广大读者和同行包涵、指正！

中南财经政法大学校长

前　言

城市社会空间是“社会与空间辩证统一”的产物，反映了居民与城市空间的“连续的相互作用过程”，即居民塑造并修改城市空间，同时又被城市空间以各种方式所左右。空间是社会的表现，甚至“空间就是社会，其形式与过程是由整体社会结构的动态演进所塑造”。目前，我国正处在社会转型的中期阶段，社会阶层出现分化与重构，如何保证城市社会各阶层在城市空间增长中的利益？如何维护“社会空间正义与空间秩序”？社会空间分异、居住—就业的空间失配等成为城市社会空间研究中的热点话题。

保障性住房的建设起源于1995年1月20日出台的《国家安居工程实施方案》，但“十二五”期间才是保障房快速发展且体系完善的重要阶段。在“十二五”开局之年的2011年，党中央、国务院决定五年内建设3 600万套保障性住房，加快解决城市的住房困难问题，促进实现住有所居的目标。然而，在保障房建设过程中，面积过小或过大、空间选址过偏或过于集中、保障房空置等现象却屡见不鲜。这些现象是否造成了居住的空间分异和居住—就业的空间失配？导致了被保障对象福利水平怎样的变化？因此，基于社会福利的新视角，结合我国保障性住房大规模建设的新特点，检验保障房建设社会空间效应的存在性，深入剖析空间效应的形成机理，测度被保障对象福利水平的变化，是一个兼具理论和现实意义的课题。

本书在借鉴和整合城市社会学、空间经济学和福利经济学研究成果的基础上，基于社会福利和空间的新视角，从居住—就业区位选择行为角度出发，以武汉市为例全方位探析保障房建设对城市社会空间的影响，包括对居住空间分异和居住—就业空间失配的影响程度和作用机制，并且分别测度被保障对象不同方面福利水平的变化，由此建立促进社会公平与和谐的保障房建设的公共政策体系。

具体来说，本书的主要内容如下：

首先，本书对保障房建设的社会空间效应的理论分析框架和福利测度方法进行了探讨，这是整个课题的研究基础。一方面，本部分采取文献阅读和综述的方法，在梳理和总结前人相关研究的基础上，结合保障房建设的特点，构建分析保障房建设的社会空间问题及其福利效应的理论框架，探寻测度保障房建设的社会空间问题以及由此导致的社会福利效应的计量方法，这是本书的理论基础。另一方面，本书按照从数量到结构、从宏观到微观、从面到点、从总体到个体的顺序阐述保障房建设的发展历程，总体描述武汉市历年保障房的空间分布，对调研的部分小区进行小区层面和家庭成员层面的特征表述，旨在对武汉市保障房建设和保障房小区的总体特征做一个整体性的概括，发现武汉保障房建设存在的基本问题为福利性与经济性难以兼顾、城市空间分异和空间失配日益严重、公共设施配套不完善及环境恶化。这是本书的实证基础。

其次，本书研究了保障房建设的空间分异效应检验与形成机制。本部分应用居住分异理论，通过搜集和挖掘武汉市分环线和分街道层面的保障房社区居住人数的相关数据，综合运用全局分析指数和局部分析指数两类指标对武汉市保障房社区居住空间分异的程度进行全面的实证检验，得到以下结论：武汉市保障房的建设导致了社会空间一定程度的分异，采用不同层级的数据，测度结果的显著性略有不同，但空间分异的程度均呈现出先快速然后缓慢增长的一致趋势；武汉市保障房的空间分布表现出边缘化、规模化和集中化的整体特点，其形成机制主要源于保障房的非营利性、城市规划的定向引导以及城中村改造与保障房建设的联动开发。

然后，本书对保障房建设的居住—就业空间失配检验、形成机制和福利损失进行了研究。美国城市化的特征体现为居住就业郊区化，而我国仍然是城市中心集聚化。基于完全不同的背景，本部分首先深入对比了中美空间失配的表现和形成机制。由于中美空间失配的根本原因相同，所以政策建议都是提高弱势群体的通勤能力、迁居能力和信息搜寻能力，但中国学者建议更侧重于通勤能力和工作技能的提升。其次，应用空间失配理论，从居住—就业区位选择行为角度出发，基于武汉市被保障家庭的调查数据，实证检验了保障房社区居民空间失配的存在性，通过被保障对象迁居前后净收入的变化以及考虑通勤时间变化的CVM方法，全面测算了被保障对象因为居住—就业空间失配而引致的福利损失，分析了被保障对象为消除新增空间失配的支付意愿的影响因素。研究发现：(1) 绝大部分保障房社区居民迁居后，通勤时间和距离大幅增加，居住—就业空间失配严重。(2) 与净收入变化法只度量了被保障对象的经济福利变化相比，考虑了通勤时间变化的CVM方法全面地测度了保障房社区居民由于空间失配而导致的综合福利变化。(3) 影响保障房社区居民对原居住区位支付意愿最主要的因素是收入，其次还有人口、性别、教育年限和年龄。

接着，本书对保障房建设的社会福利效应进行了全面测度和实证研究。本部分首先应用森的可行能力理论，提出了构成入住保障房社区居民福利的功能性活动和评价指标体系，使用模糊评判方法对被保障对象的福利变化进行测度。结果显示，虽然被保障对象总体福利水平有所上升，但是上升的幅度偏小。从功能指标看，除了居住条件、心理状况有了非常明显的改善，被保障对象的生活条件、教育设施、就业条件和交通条件均有不同程度的恶化。其次，基于森的可行能力理论，借鉴塞思的广义均值双参数模型，构造了同时考虑维度不平等与权重等影响的新福利指数，测度了武汉市被保障对象在迁居保障房小区前后福利大小及分布的变化。研究结果发现：(1) 在整体福利方面，由于迁居后被保障对象福利分布均匀性有所改善，使得新模型测度的真实福利水平，相对于从总体平均角度出发的传统模型，改善更加显著。即：被保障对象在迁居后的整体福利水平和福利分布都有所改善，新模型更准确、更全面地测度并反映了研究对象的福利变化。(2) 在各维度福利方面，就福利水平而言，结果与模糊评判法相同；就福利分布而言，心理状况、就业环境和交通条件的福利分布在迁居后趋向收敛，居住条件福利分布则趋向发散，公共设施条件福利分布无明显变化。为进一步提高这些家庭的福利水平，保障房应选址在市区就业机会多的地方，保障房的公共设施也需逐步完善。

随后，本书对保障房社区居民的社区依恋测度及其动因进行了研究。本部分采用已建成武汉保障房社区的最新抽样调查数据，从居民的主观感知出发测度武汉保障房社区居民的社区依恋感，从一个新的时间、新的角度整体评价武汉保障房建设的社会福利效应，进一步对比分析经济适用房社区和公租房社区居民在社区依恋上的差异，并从社区社会环境、物质环境和个体特征三个方面对比分析不同类型保障房社区居民社区依恋的影响因素。结果发现：（1）武汉保障房社区居民对其所在的社区具有较强的依恋情感，并且经济适用房社区的居民明显表现出比公租房社区居民更深的社区依恋情感。（2）就影响因素而言，社会环境特征尤其是社会安全和秩序、社区交往和支持等因素对保障房社区居民的社区依恋存在显著的影响，与公租房社区居民受社会安全和秩序的影响更多不同，社区交往和支持对经济适用房社区的居民影响更为显著；居民对社区物质环境特征的主观评价对社区依恋影响较大，经济适用房社区的居民受居住条件、生活条件和教育环境的影响更大，而公租房社区的居民受生活条件、交通条件和就业环境的影响更明显；在居民的个体特征中，年龄、婚姻状况、居住时间和健康状况均与保障房社区尤其是经济适用房社区居民的社区依恋有较为紧密的联系，而经济状况和家庭结构没有呈现预期的显著关系。可见，随着时间的增长，社会环境和物质环境在逐渐的改善，个体对保障房小区的依恋亦即福利评价也在日益增值。

最后，本书进行了保障房建设公共政策体系的构建。本部分运用归纳的方法总结以上各方面内容的研究结论，在对社区的两种极端形式：封闭社区和混合社区的特征、形成机制和社会效应的分析基础上，结合福利经济学、公共政策学的相关理论，对我国保障房建设的公共政策进行深入剖析，并为构建出公平、有效的保障房建设的公共政策体系提出了有针对性的建议。

目 录

第一章
绪　论

第一节　选题的背景与意义

一、研究背景

自改革开放尤其进入21世纪以来，随着经济全球化日益加深、科技进步日新月异，以及社会、经济与政治体制改革的全面推进，我国正进入一个重大社会转型时期，社会结构向工业化、城镇化社会转换，人们的社会生活发生了翻天覆地的变化。但是，在我国经济整体迅速增长的同时，区域化差异、城乡差异、社会各群体之间的差异也在同步发生。林毅夫、蔡昉等（1998）的研究表明，改革开放以来我国的区域差异不仅一直存在，而且还有继续扩大的趋势①。随着市场化进程的推进，我国目前正处在社会转型的中期阶段，居民收入差距进一步拉大，社会阶层分化与重构现象加剧，城市居住空间的区位分化也日益明显，城市居住空间分异以及社会空间分异也逐渐凸显。社会空间分异的负面效应将直接导致居住隔离及社会空间的极化，由此产生的社会经济问题将严重影响社会的发展和进步②。随着城市的快速扩张，在空间分异显现的同时，居民的出行距离越来越远，不同社会群体尤其是城市弱势群体可能面临着严重的“居住—就业”的空间失配问题。而“居住—就业”空间失配将影响居民的生活质量，直接减损他们的经济和社会福利。在这样的背景下，如何保证社会各阶层在城市空间增长中的利益？如何维护“社会空间正义与空间秩序”？如何尽量避免社会空间分异、居住—就业的空间失配及其造成的负面影响等成为城市社会空间研究的重点和热点。

居者有其屋，是现代文明社会的最基本符号，而保障性住房作为我国解决

① 林毅夫、蔡昉、李周：《中国经济转型时期的地区差距分析》，载《经济研究》1998年第6期。
② 闫月花：《武汉市中青年群体居住空间分异研究》，华中师范大学硕士学位论文，2013年。

中低收入家庭住房困难的关键手段，一直都是社会各界关注的焦点问题。在十二五开局之年的2011年，党中央、国务院决定五年内建设3 600万套保障性住房，加快解决城市弱势群体的住房困难问题，促进实现住有所居的目标①。事实上，自2009年启动大规模的保障性住房建设以来，保障性住房建设规模日益壮大。国家住房和城乡建设部发布的数据显示②，2009～2011年保障性住房开工量迅速增加，由2009年的333万套上升至2011年的1 043万套，其后几年基本稳定在700万套左右，2015年全国城镇保障性安居工程计划开工783万套。截至2010年底，我国城镇保障性住房覆盖率为7%左右，加上“十二五”期间的3 600万套，那么到2015年底，全国保障性住房总共建设约5 000万套，将使约22%的城镇家庭从中受益③。

作为中部第一大城市，武汉在追随我国城市化大趋势的同时，也在同步大规模地推进保障性住房的建设。根据武汉市住房保障和房屋管理局的统计数据显示，武汉市2009年以来保障性住房年均建成套数约在5万套左右，保障性住房整体规模日渐壮大。由于城市土地、空间的日益紧张以及政府提供保障性住房资金的有限性，公租房、廉租房及经济适用房等性质的保障性住房大多位于远离市中心的区位、空间选址过偏或过于集中，造成大部分中低收入人群在居住空间上的分化和边缘化，这些现象是否造成了保障房社区居民的居住空间分异和居住—就业的空间失配？导致了被保障对象福利水平怎样的变化？这些已逐渐成为保障性住房在实施过程中不可忽视的一个新问题。对于城市保障性住房空间分异和居住—就业的空间失配效应及被保障群体福利损失测度的研究，有助于探究城市低收入群体福利水平低下的根本原因，寻求社会各阶层的共同发展，实现一个真正意义上的和谐社会。

二、研究意义

本书拟在借鉴和整合城市社会学、空间经济学和福利经济学研究成果的基

① 李梦玄、周义：《考虑分布不平等的保障房建设福利效应测度研究》，载《当代经济》2016年第36期。
② 资料来源：国家住房和城乡建设部，2009～2011年。
③ 苏艳：《2012年及未来几年住房保障发展预测》，载《上海房地》2012年第5期。

础上，基于社会福利的新视角，结合我国保障性住房大规模建设的新特点，从居住—就业区位选择行为角度出发，以武汉市为例全方位探析保障房建设对城市社会空间的影响，检验保障房建设社会空间效应的存在性，深入剖析空间效应的形成机理，包括对居住空间分异和居住—就业空间失配的影响程度和作用机制，并且分别测度被保障对象不同方面福利水平的变化，因此，这是一个具有一定理论意义的课题。

城市空间是人类赖以生存的基本物理空间。处于转型时期的中国，城市的空间结构发生了巨大的变化，但是由于城市土地资源有限、城市用地更新与扩张、功能结构复杂等因素，逐渐出现了一系列空间问题。近年来大力推进的保障性住房项目，由于政策性、市场化等因素，大多建设在城市边缘区域，导致居民居住区位、职住关系发生明显的变化，很可能引起了某种程度的居住空间分异（socio-spatial differentiation）和职住空间失配（labor-housing spatial mismatch）①。居住空间分异也是社会阶层分异的体现，保障房建设引发的居住空间分异使得低收入群体与其他社会阶层交流的机会减少，降低他们的社会资本，由此减损保障房社区居民的福利，进而减损保障房建设所实现的社会效益。居住—就业的空间失配造成居民的通勤时间和通勤成本显著增加，对居民的生活习性与社会交流及城市的交通秩序等形成严重的阻碍②。因此，从空间和福利的角度对保障房建设的社会空间效应的研究，既有助于政府从城市规划的角度探索城市空间演变中存在的问题，又可以对一种社会现象进行工具评价和本质剖析，从而有利于社会的根本和谐与发展③。

目前国内对于城市空间分异和居住—就业空间失配的研究主要集中在特大城市，如北京、上海、广州等一线城市，但武汉近年来城市发展快速，居住空间分异和居住—就业的空间失配已逐渐成为武汉城市凸显的问题。通过武汉市保障房建设的社会空间效应研究，由此建立武汉市并推及全国的、促进社会公平与和谐的保障房建设的公共政策体系，乃是本书的最终目的。

①② 胡培：《保障房社区居民职住分离及福利损失研究》，中南财经政法大学硕士论文，2015 年。

③ 闫月花：《武汉市中青年群体居住空间分异研究》，华中师范大学硕士论文，2013 年。

第二节 主要概念辨析与界定

一、保障性住房

关于住房保障和保障性住房的概念和内涵，2014 年国务院法制办公室提交的《城镇住房保障条例（征求意见稿）》中有如下规范的定义，“城镇住房保障，是指通过配租、配售保障性住房或者发放租赁补贴等方式，为住房困难且收入、财产等符合规定条件的城镇家庭和在城镇稳定就业的外来务工人员提供支持和帮助，满足其基本住房需求。所谓保障性住房，是指纳入城镇住房保障规划和年度计划，限定面积标准、租售价格等，向符合条件的保障对象提供的住房①。”

目前，我国的住房保障体系主要由五个部分即经济适用房、廉租房、公共租赁房、限价房和棚户区改造组成②。在“十二五”规划纲要中政府进一步提出：“我国将重点发展政策性公共租赁住房，逐步使其成为保障性住房的主体”③。

二、社区

最先提出和使用“社区”的概念是德国的社会学家滕尼斯（Tennies，1881），他认为社区是指“由具有共同的习俗和价值观念的同质人口组成的，关

① 尹璐：《吉林省保障性住房退出机制研究》，吉林建筑大学硕士学位论文，2014 年。
② 胡培：《保障房社区居民职住分离及福利损失研究》，中南财经政法大学，2015 年。
③ 资料来源：人大代表会《中华人民共和国国民经济和社会发展第十二个五年规划纲要》，2011 年。

系密切的社会团体或共同体”①。美国芝加哥大学的社会学家罗伯特·帕克（Robert Park，1936）首次给出“社区”以明确的定义：“占据在一块被明确地限定了的地域上的人群汇集”，并且，“一个社区不仅是人的汇集，也是组织制度的汇集②”。

在中国，“社区”是由我国社会学家吴文藻在20世纪30年代进行英文著作翻译时首次提出，之后众多学者通过共同讨论达成将“community”翻译成“社区”的共识③。所谓社区，是指占据一定地域，具有相似生活标准、方式和地位，或者说具有相同的特性、观念和行为的同质人口的汇集④。

三、社会空间及其效应

“社会空间”的概念最早由法国的社会学家涂尔干（Emile Durkheim）提出，他认为社会空间是指“一定社会群体居住和生活的地理区域”，法国马克思主义哲学家列斐伏尔（Henri Lefebvre）对空间的定义与此非常相似。20世纪50年代，法国地理学家索尔（Edward soja）对涂尔干（Emile Durkheim）关于社会空间的概念进行了扩展，他认为社会空间是：“个人在空间中的社会关系或对空间的主观感受”。

在社会空间的具体内涵上，国内张鸿雁（2005）认为“社会空间”包括物质空间和非物质空间，前者主要由建筑空间和道路空间等组成，后者则是指为社会活动和社会现象所占据的空间，主要包括居住空间、公共空间等。也有的学者侧重于从空间的社会关系属性来理解社会空间的内涵，认为社会空间本质上是人的社会关系、人的社会结构⑤。本书所指的社会空间是物质性要素与社会性要素的综合，既包括人们居住的空间如居住空间、行为空间等，也包括人们在空间中的社会关系、社会活动等。

所谓社会空间效应研究，本质上是研究城市不同社会阶层的社会距离和社

① 孟菲：《民生社区银行业务的经营现状及存在问题探究》，暨南大学硕士学位论文，2015年。
② 张英佳：《社区尺度城市人居环境类型及空间格局演变研究》，辽宁师范大学硕士学位论文，2013年。
③ 李晓非：《拿来、改造、中国式运用——社区概念中国化的思考》，载《学术探索》2012年第9期。
④ 夏建中：《社区概念与我国的城市社区建设》，载《江南论坛》2011年第8期。
⑤ 张鸿雁：《城市空间的社会与“城市文化资本”论——城市公共空间市民属性研究》，载《城市问题》2005年第5期。

会关系如何从社会经济维度投影、转换到地理空间维度，社会的阶层化、重构与分异如何在空间表现，即城市空间结构与社会结构二者之间对立统一的关系①（杨上广，2006）。

四、居住空间分异与隔离

城市居住空间既是地域空间内功能性建筑的空间组合，也是人们居住活动而形成的社会空间系统（socio-spatial system），是城市空间结构和社会结构相互作用的辩证统一，社会和空间之间是一种交互作用和相互依存的辩证统一关系（Knox，2000）②。不同的居住空间不仅在生活环境、可达性、就业和教育机会等方面存在差异，而且具有社会经济地位差异的"社会标签"作用，因此，空间组织是一种社会过程的物质产物③（Lefebvre，1976）。

在研究城市居住空间分异问题时，分异（differentiation）和隔离（segregation）是最常用来刻画分化或分异的一对近义词。对于隔离，罗伊（L. Roy，1986）认为它是指"城市居民由于种族、宗教、职业、生活习惯、文化水准或财富差异等关系，不同的群体间彼此分开，有的甚至彼此产生歧视和敌对的态度"④。关于分异，吴启焰（2001）认为它是由一个到许多、由简单到复杂或由同类到异类的发展过程；关于隔离，则主要是指分开的行动或过程，或者指分开的状态⑤。杨上广（2005）认为前者更多地强调了一个动态的过程，后者更多地指分异的极端表现或结果。

总之，对于居住空间分异，师春梅（2010）认为它是指在城市中不同特性的居民聚集居住在不同的空间范围内，从而整个城市形成居民间居住分化甚至隔离的状况⑥。

---

① 杨上广：《中国大城市社会空间的演化》，华东理工大学出版社2006年版。

② Knox P，Pinch S. *Urban social geography*：*an introduction* [M]. Fourth Edition Harlow：Pearson Education Limited，2000：122－125.

③ 杨上广：《大城市社会极化的空间响应研究化》，华东师范大学博士论文，2005年。

④ 夏建中：《社区概念与我国的城市社区建设》，载《江南论坛》2011年第8期。

⑤ 吴启焰：《大城市居住空间分异研究的理论与实践》，科学出版社2001年版。

⑥ 师春梅：《城市居住空间分异问题研究综述》，载《黑河学刊》2010年第11期。

五、“居住—就业”空间失配

“职住空间平衡”的概念最早可追溯到霍华德的“田园城市”，即在假定其他因素不变的前提下，增加就业中心周围的住房供给，可以减少就业的中低收入家庭的开支，缓解交通拥堵和空气污染①。“职住空间平衡”的反面是“居住—就业空间失配”，这一问题由美国哈佛大学的学者凯恩（Kain，1968）最早提出。凯恩指出，造成黑人不利的劳动力市场结果的一个主要缘由是居住在内城的贫民（多数是黑人）和郊区分布的低技能就业之间的空间隔离②。

与美国不同，我国城市低收入人口多聚集于城市边缘区和郊区，这使得我国的“职住失衡”问题呈现出自身的特点，需要根据我国城市的实际情况进行具体分析③。随着我国的住房制度改革与住房市场化的不断深化，单位福利房逐渐消失，城市空间结构逐步重构，城市居民开始长距离的通勤以实现就业，城市内部的居住—就业空间关系日益复杂化，逐渐由“职住合一”向“职住分离”演变④。

六、福利

福利概念及思想的发展历史源远流长，最早可以追溯到人类文明的古希腊、古罗马时期。到了19世纪，英国的著名哲学家J·本沁（J. Benihan）将福利定义为幸福和快乐，该定义至今在许多领域内仍然产生着非常重要的影响。作为福利经济学的创始人，英国的庇古（Pigou，1999）认为：福利应该包括经济福利和社会福利两大类，狭义的福利指的是经济福利，是指可以直接或间接用货币尺度来进行度量的福利，研究方法多以实证研究为主；广义的福利是指社会

---

① 胡培：《保障房社区居民职住分离及福利损失研究》，中南财经政法大学硕士论文，2015年。
② 李梦玄、周义：《中美城市化空间失配形成机制对比分析》，载《金融教学与研究》2015年第4期。
③ 曾德珩、全利：《关于公租房社区的居住与就业空间匹配问题——以重庆市为例》，载《城市问题》2014年第2期。
④ 郑思齐：《就业与居住的空间匹配——基于城市经济学角度的思考》，载《城市问题》2007年第6期。

福利，社会伦理及社会规范等相关的内容，是指非经济的愉快、自由、正义等，通常难以计量，研究方法多以规范分析为主①。

德里克·帕菲（Derek Parfit，1984）指出福利包括快乐、欲望和客观清单三个方面的理论；并且他对每一种理论都列出了一系列的要素，因为这些要素使人们可以获得更好的生活。这种福利概念的分类得出了合理的论断，并已经在哲学伦理学中得到广泛的使用。贾思伯（Gasper，2002）认为“福利（well being)”聚焦于人的“存在”，它是指一个人所处的状态要么良好、要么勉强的一种评估，总之是一种评估。

我国的学者郑功成（2000）认为，福利的概念包括个人福利和社会福利，个人福利指的是个人对物质生活和精神生活需要的满足，社会福利则是指某一区域范围内全体成员的个人福利的集合或总和②。本研究中所指的福利采用郑功成所下的定义，主要还是指个人福利。同时，本书研究的范畴是广义的福利，因为福利是一个主观的概念，收入、财富给人们带来的效用或者满足的程度。正如庇古所言：“福利是由意识状态而不仅仅是物质财富构成的”，它与经济收入、财富既有联系，但又有本质的区别（彭开丽，2008)③。

第三节 国内外研究现状及分析

国内外学者的城市社会空间研究，主要着眼于社会空间分异和居住—就业的空间失配两个主题：

一、社会空间分异问题

西方的居住空间分异研究源于产业革命后社会经济的快速发展和城市发展

① Pigou，A. C. *The economics of welfare/*：Vol. 2 [M]. Beijing：China Social Sciences Publishing House，1999.
② 郑功成：《社会保障学：理念、制度、实践与思辨》，商务印书馆2000年版。
③ 彭开丽：《农地城市流转的社会福利效应》，华中农业大学，2008年。

转型所衍生出的许多社会问题①。国内关于空间分异的研究起源于20世纪80年代，作为城市社会空间研究的分支内容，主要以北京、上海、广州、南京等城市作为研究重点，集中对城市居住空间分异的存在性及其特征、分异模式、产生分异的动力机制、极化原因和社会空间分化趋势等方面进行研究。

（1）在空间分异理论研究方面，国外因为研究视角不同而形成了许多学派，主要有：将自然生态学基本理论体系运用于人类社区研究的生态学派（Park RE，1936）、考虑社会文化因素影响的都市人类学派（lewis，1966）、应用新古典经济学理论的空间经济学派（Harvey，1973）和基于社会分异理论并以住房阶级概念为导向的城市管理学派（Rex and More，1967）。

国内研究前期多是对国外理论的介绍，吴启焰（2000）等首次对国外城市社会地理学的发展进行了系统的总结，并将马克思主义的社会空间统一体理论认定为我国城市社会空间分异研究的理论基础②。张文忠、刘旺（2004）以文献综述的方式对国内外城市居住空间的研究进行了归纳总结，并对居住分异研究的发展状况进行了预期。近年来，魏立华、闫小培（2006）、李志刚等（2006）等试图从新的理论视角分析我国转型期城市居住空间分异的特殊③。孙斌栋、吴雅菲（2009）系统地梳理了国内空间分异的研究历程，对相关领域的研究成果进行了分类归纳，并对中国城市居住空间分异研究的未来发展状况进行了展望。师春梅（2010）等通过对城市居住空间分异的已有研究成果进行梳理，明确了城市居住空间分异的概念，总结了相关研究的理论基础，并对中国城市居住空间分异研究的主要内容等进行评述④。

（2）在空间分异形成机制研究方面，许多学者（Ley，1983；David and Colin，1982）采用因子生态分析等方法对欧美城市进行了实证研究，结果证明城市社会空间的主要作用因子有三个：社会经济状况、家庭状况和种族状况⑤。

国内而言，对于城市居住空间分异机制的研究是我国居住空间分异研究中起步最早也是研究最为成熟的内容之一。早期虞蔚（1986）和许学强（1989）的研究发现，我国城市居住空间分异有其自身独特的形成原因。吴启焰（2002）

---

① 闫月花：《武汉市中青年群体居住空间分异研究》，华中师范大学硕士学位论文，2013年。
② 孙斌栋、吴雅菲：《中国城市居住空间分异研究的进展与展望》，载《城市规划》2009年第6期。
③ 魏立华、闫小培：《转型期中国城市社会空间演进动力及其模式研究——以广州市为例》，载《地理与地理信息科学》2006年第1期。
④ 师春梅：《城市居住空间分异问题研究综述》，载《黑河学刊》2010年第11期。
⑤ 王晓倩：《沈阳市社会空间分异与保障房布局研究》，沈阳建筑大学硕士学位论文，2012年。

指出城市居住空间分异是社会阶层分化通过市场宏观控制、个体择居行为心理的局部调整而实现的空间化过程[①]。黄靖（2004）等在对东莞外来人口居住空间隔离问题的研究中认为，户籍制度和独特的城市化模式是隔离的重要原因。杨上广（2005）指出，除了吴启焰（2002）的两个因素之外，开发商行为也是城市空间结构变迁的动力机制之一[②]。刘望保、翁计传（2007）等重点探析了我国住房制度改革对城市居住分异的影响。吴缚龙等（2007）也指出制度仍是居住分异的重要影响因素。邱梦华（2007）对中外城市居住空间分异领域的相关研究进行了简要概括，从整体上分析了转型期我国城市居住空间分异现象产生的三大原因。

近年来，张建坤等（2014）通过对南京市四大保障房住区进行实证研究，运用因子生态模型分析揭示了社会地位、居住满意度和社区邻里认同感是保障房住区空间分异的主要影响因子[③]。郑艳玲等（2016）运用 ArcGIS 缓冲区分析法和隔离指数测度法重点分析了长春市居住空间的分异情况，认为长春市居住空间分异的动力机制在于市场、产业、城市功能空间自组织效应及政府支持与协调四种机制的综合作用[④]。

（3）在居住分异的社会效应与对策研究方面，国外许多研究（Akerlof and Kranton，2000；Hoff and Pandey，2004；Bayer et al.，2005）证实，居住分异会严重损害弱势群体的利益，降低其收入增长速度以及公共品消费水平。这将给弱势群体带来显著的福利损失，并且在代际之间也将有持续的影响[⑤]。

国内而言，早期的城市空间分异研究如郑静等（1995）运用因子分析、聚类分析方法对广州市中心区 1990 年人口普查数据评估社会空间分化[⑥]。20 世纪以来，冯健、周一星（2003）、李志刚、吴缚龙（2006）、王兴中等（2007）大都也采用因子分析法实现对居住空间结构的描述。随后对空间分异的指数和模型的研究应用逐渐兴起，如杨上广等（2006）在对上海城市居住空间分异的研究中使用分异指数进行测度；刘玉亭（2007）等采用区位商来丰富对住

---

① 孙斌栋、吴雅菲：《中国城市居住空间分异研究的进展与展望》，载《城市规划》2009 年第 6 期。
② 杨上广：《大城市社会空间结构演变的动力机制研究》，载《社会科学》2005 年第 10 期。
③ 张建坤、张佳文：《南京市保障房住区城市空间分异研究》，载《现代城市》2014 年第 2 期。
④ 郑艳玲、王荣成、甘静：《长春市居住空间分异特征与动力机制研究》，载《资源开发与市场》2016 年第 3 期。
⑤ 踪程：《保障性住房居民福利及其测度研究综述》，载《价值工程》2017 年第 2 期。
⑥ 石恩名、刘望保、唐艺窈：《国内外社会空间分异测度研究综述》，载《地理科学进展》2015 年第 7 期。

房分异的测度研究；冯健、周一星（2008）等通过计算信息熵、绝对分异指数、相对分异指数和隔离指数等指标，探讨转型期北京社会空间分异的重构特征[①]。石恩名（2015）等按照空间分异测度指标的发展，将社会空间分异测度研究分为四个阶段，介绍了社会空间分异测度指标在各阶段的演变特点和主要测度指标，并对其中26个主要指数进行比较和分类，阐述各指数的适用范围和优缺点[②]。

在对策研究方面，杨上广和王春兰（2006）、郑思齐和张英杰（2010）等从城市规划、政府政策、社会与管理三个方面提出了相应的对策与建议。张京祥、李阿萌（2013）揭示了保障性住房建设对南京城市社会空间演化的正、负效应，运用空间生产理论进行反思，并借鉴国际经验有针对性地提出了相关建议[③]。

值得一提的是，周华（2005）、刘璐（2006）利用特征价格模型对影响住宅价格的各种特征进行大小排序，由此找出引起住宅价格分异的原因和动力，这是居住空间分异机制研究的一种新思路[④]。

二、空间失配问题

凯恩（1968）指出，造成黑人不利的劳动力市场结果的一个主要缘由是居住在内城的贫民（多数是黑人）和郊区分布的低技能就业之间的空间隔离，也就是“居住—就业”的空间失配，空间失配可能诱致贫困并加剧社会排斥[⑤]。我国的“空间失配”问题的研究，始于芝加哥依利诺大学的华裔学者周江评（2004），他最早将居住—就业空间失配的研究引入国内，创新性地对我国在城市化急剧增长的背景下出现的诸多居住、就业等民生问题进行理论分析[⑥]。之后陆续有学者展开了对结合国内的空间失配研究。

（1）空间失配存在性检验。大多数研究证实或支持了居住—就业的“空间

① 冯健、周一星：《转型期北京社会空间分异重构》，载《地理学报》2008年第8期。

② 石恩名、刘望保、唐艺窈：《国内外社会空间分异测度研究综述》，载《地理科学进展》2015年第7期。

③ 张京祥、李阿萌：《保障性住区建设的社会空间效应反思——基于南京典型住区的实证研究》，载《国际城市规划》2013年第1期。

④ 孙斌栋、吴雅菲：《中国城市居住空间分异研究的进展与展望》，载《城市规划》2009年第6期。

⑤ 踪程：《保障性住房居民福利及其测度研究综述》，载《价值工程》2017年第2期。

⑥ 胡培：《保障房社区居民职住分离及福利损失研究》，中南财经政法大学硕士学位论文，2015年。

失配”假设（Hutchinson，1974；Wilson，1987；Jencks and Mayer，1990）[①]。威尔逊（Wilson，1987）研究指出：城市规模的不断扩张必然导致增加的人口与有限的就业岗位失衡[②]。卡尔萨达（Kasarda，1989）的研究发现：由于白人与黑人之间技术水平约束，受教育程度存在差异，他们获得的就业机会也会不同，从而验证了空间失配的客观存在性[③]。

国内，周江评（2004）、李纯斌（2006）和郑思齐等（2007）分别从不同的视角对美国学者在空间失配假设方面的研究及其对住房政策的影响进行了总结和回顾，提出了国内学术界的研究重点[④]。另外，刘望保、翁计传（2007）和刘志林、王茂军、柴彦威（2010）分别发表文章评述美国空间失配假说的研究进展和挑战，阐述空间失配假设对中国的启示。

在空间失配的存在性检验方面，孙斌栋（2008）分析发现上海市的职住均衡性正在减弱，由此阐述了其对交通的影响并提出政策启示。但是孙斌栋（2010）又进行了同样的研究，结果发现职住状况与交通的相互影响显著，他分析导致结论不完全一致的原因可能是指标选取的差异。刘志林、王茂军（2011）与刘碧寒、沈凡卜（2011）采用就业可达性或 GIS 工具，测度了北京都市区职住空间的分离及其对通勤时间的影响[⑤]。焦华富、胡静（2011）利用偏离度指数法发现芜湖市的职住空间匹配程度呈下降趋势。

（2）空间失配研究内容。在凯恩（1968）之后，学者们的研究关注点开始扩大研究的对象，包括少数民族、低收入居民、新移民和妇女等社会弱势人群；研究范围逐步泛化，经过三个阶段的集中发展，研究内容由最初的居住隔离、居住与就业选择扩展到空间工作寻找、工作可达性（job-accessibility）、社会可接受性和交际网络等方面，并逐步扩展到对低收入人群等弱势群体寻找工作的一系列障碍研究（Gobillon L.，H Selod，Y Zenou，2007）[⑥]。它对美国的住房政策改革、大都市社会经济政策制定等都产生了相当的影响（Kain，2003；Ihlanfeldt and Sjoquist，1998）。国内钱瑛瑛（2007）、马光红（2008）分别利用竞租理论、AMM 模型结合空间失配理论，研究了经济适用房选址、选址与住房福利

①④ 李梦玄、周义、胡培：《保障房社区居民居住—就业空间失配福利损失研究》，载《城市发展研究》2013 年第 10 期。

②③⑤⑥ 胡培：《保障房社区居民职住分离及福利损失研究》，中南财经政法大学硕士学位论文，2015 年。

损失之间的关系，提出了解决空间失配的措施和建议[①]。周素红、闫小培（2005）从宏观和中微观两个角度，对广州市城市空间的组织模式进行了分析，阐释了广州市职住空间的演变进程与规律；顾翠红、魏清泉（2008）通过定量分析得出上海的职住空间错位程度较大，引发了诸多就业、交通问题[②]。

（3）空间失配的形成机制。史密斯和泽诺（Smith and Zenou，2003）认为那些远离就业机会的失业者自愿选择不迁移到靠近工作机会的地点是因为他们的短期收益（较低的土地租金和较大的房屋）要比长期收益（靠近工作地点）大很多的理性选择结果。绍奎斯特（Sjoquist，2001）研究认为，黑人不在工作岗位集聚的郊区寻找工作是因为他们不被郊区社会接受，社会可接受性是空间失配的一个重要机制。王宁等（2009）认为兰州市城中村居民就业的空间障碍主要在于就业机会、城市交通系统和就业信息获得性；周素红等（2010）则认为保障性住房居民空间匹配性的群体差异是个人或家庭的居住—就业选择和决策的结果[③]。柴彦威、张艳、刘志林（2011）则用调查问卷的方法，从微观角度分析北京职住分离的空间差异性和影响因素，因素包括居住区类型、家庭及住房状况以及其他社会经济属性[④]；

现有研究主要具有如下三个方面的特征：

（1）从研究内容来看，当前国内对于城市社会空间的研究多是直接引用或介绍西方已有的理论模型，缺乏对中西方城市社会空间理论和实证的对比研究；同时现有研究以传统的理论和方法研究城市居住空间分异、居住—就业空间失配问题的较多[⑤]，而对保障房建设是否造成新的空间分异、空间失配问题的研究较少，尤其是从福利的角度测度这些问题造成保障房社区居民福利变化的研究很少。对于居住—就业匹配问题的研究也还有待深入。

（2）从研究视角来看，现有研究尤其是居住空间分异研究多采用“自上而下”的视角，通常选取大量的社会、经济、住房等指标，利用因子生态分析、聚类分析等技术来研究城市整体的社会空间分异[⑥]，而从个人或家庭的居住、就

①⑤ 李梦玄、周义、胡培：《保障房社区居民居住—就业空间失配福利损失研究》，载《城市发展研究》2013年第10期。

② 顾翠红、魏清泉：《上海市职住分离情况定量分析》，载《规划师》2008年第6期。

③ 李梦玄、周义：《中美城市化空间失配形成机制对比分析》，载《金融教学与研究》2015年第4期。

④ 胡培：《保障房社区居民职住分离及福利损失研究》，中南财经政法大学硕士学位论文，2015年。

⑥ 魏立华、闫小培：《转型期中国城市社会空间演进动力及其模式研究——以广州市为例》，载《地理与地理信息科学》2006年第1期。

业等的选择行为和决策过程出发、建立在对家庭或居民个体的问卷调查基础上的“自下而上”视角的研究较少。

（3）从研究方法来看，现有研究对于居住—就业失配问题及其社会福利效应的研究在分析方法上多采用定性的理论分析法，而建立对现实实践深入调查基础上的采用各类测度指标、计量模型和方法的实证研究相对较少，研究尺度较为局限。尤其在居住空间分异和居住就业空间失配的社会效应层面，缺乏从经济学角度的福利效益测度。

以上正是本书的研究起点。其中，福利变化的测度方法大体可分为四类：需求和供给弹性分析法（Allardt，1976）、意愿调查法（CVM，Contingent Valuation Method）（Davis，1963）、指标体系法（Morris，1979）、经济福利指标和非经济福利工具相结合的综合方法（Chavas，1991）。

第四节 研究目标与内容

一、研究目标

本书拟在借鉴和整合城市社会学、空间经济学和福利经济学研究成果的基础上，基于社会福利的新视角，从居住—就业区位选择行为角度出发，以武汉市为例全方位探析保障房建设对城市社会空间的影响研究，包括对居住空间分异和居住—就业空间失配的影响程度和作用机制，并且分别测度被保障对象不同方面福利水平的变化，由此建立促进社会公平与和谐的保障房建设的公共政策体系。

二、研究内容

本书主要探究武汉市保障房建设造成的居住空间分异和居住—就业空间失

配程度及其影响机制，在此基础上测度保障房社区居民因此所导致的福利损益状况，以此来分析保障房建设的社会空间效应，并提出建设性的政策建议。基于上述内在逻辑，本书的主要内容及研究方法如下：

（1）保障房建设的社会空间效应的理论分析框架和福利测度方法探讨。本部分采取文献阅读和综述的方法，在总结前人相关研究的基础上，结合保障房建设的特点，构建分析保障房建设的社会空间问题及其福利效应的理论框架，探寻测度保障房建设的社会空间问题以及由此导致的社会福利效应的计量方法。同时，按照从数量到结构、从宏观到微观、从面到点、从总体到个体的顺序阐述保障房建设的发展历程，总体描述武汉市历年保障房的空间分布，对调研的部分小区进行小区层面和家庭成员层面的特征表述，旨在对武汉市保障房建设和保障房小区的总体特征做一个整体性的概括。

（2）保障房建设的空间分异效应检验、形成机制和福利测度研究。在相关文献和理论研究的基础上，本部分应用居住分异理论，对各种度量指标如隔离指数、空间基尼系数、泰尔指数、区位商以及局部莫兰指数进行理论探讨，通过搜集、整理和挖掘有代表性的城市街道层面的保障房社区居住人数总量、结构等指标相关的数据，综合运用这些指标对该市保障房社区居住空间分异的程度进行全面的统计描述，实证检验城市社会空间分异的程度，深入分析其形成机制。

（3）保障房建设的居住—就业空间失配检验、形成机制和福利损失研究。本部分应用空间失配理论，从居住—就业区位选择行为角度出发，对有代表性的城市的保障房社区进行按比例的抽样调查，获得包括居民个人和家庭属性、入住保障房前后居住与就业的选择与变迁和工作出行方式、通勤时间等数据，用以实证研究保障房社区不同类别亚群体的空间失配存在性的差异和形成机制[①]，并通过被保障对象入住前后的收入变化与通勤时间变化相结合的 CVM 意愿调查评估法来测算存在空间失配的被保障对象因居住—就业空间失配而产生的福利损失。

（4）保障房建设的社会福利效应测度和实证研究。本部分应用森的可行能

① 李梦玄、周义、胡培：《保障房社区居民居住—就业空间失配福利损失研究》，载《城市发展研究》2013 年第 10 期。

力理论，提出构成居民福利的功能性活动指标，对有代表性的城市的保障房社区进行按比例的随机入户调查，获得居民入住保障房前后包括居住、生活、就业、教育和交通条件等指标的相关数据，使用指标体系法（模糊评判方法）对入住保障房前后居民的福利变化进行度量，探讨保障房社区居民福利变化产生差异的显著影响因素。

（5）保障房社区居民的社区依恋测度及其动因研究。本部分采用已建成的武汉保障房社区的最新抽样调查数据，从居民的主观感知出发测度武汉保障房社区居民的社区依恋感，从一个新的时间、新的角度整体评价武汉保障房建设的社会福利效应，进一步对比分析经济适用房社区和公租房社区居民在社区依恋上的差异，并从社区社会环境、物质环境和个体特征三个方面对比分析不同类型保障房社区居民社区依恋的影响因素。

（6）保障房建设公共政策体系的构建。本部分运用归纳的方法总结以上各方面内容的研究结论，在此基础上，结合福利经济学、公共政策学的相关理论，从城市发展规划、住区建设模式、住房保障体系完善等层面提出相应的政策建议，得出保障房建设中公共选择的选择标准和选择方式，构建出公平、有效的保障房建设的公共政策体系。

第五节 研究方法与技术路线

一、研究方法

本书主要采用规范分析与实证分析相结合、历史归纳与逻辑演绎相统一、理论研究与经验研究相结合的方法进行全方位、系统化研究。采用的研究方法主要有：

（1）规范分析与实证分析相结合。

规范分析与实证分析相结合，也可以说是定性分析与定量分析相结合。定性分析主要根据所掌握的资料对武汉市保障房社区空间布局的特点、发展变化规律做出分析[①]。实证分析主要采用适当的模型和计量方法对保障房建设的社会空间效应及其福利影响进行量化测度。

（2）调查研究法与比较研究法。

本书对保障房社区前后进行多次随机调查访问，调查的方式包括参与式观察、问卷调查、半结构式访谈等。同时，本书采用此方法纵向上对被保障对象入住保障房前后的各种福利水平进行比较分析，对入住后不同时期的福利水平进行跟踪对比；横向上对中美居住就业空间失配的形成机制的进行对比分析，对不同类别被保障对象的各种需求、满足现状等进行比较分析，并据此进行差异化的公共政策的设计，有助于克服现有研究相对笼统的不足。

（3）跨学科研究方法。

通过借鉴与本书密切相关的城市社会学、空间经济学和福利经济学等相关学科的研究成果，为论文的研究提供理论基础和支持。利用地理信息系统的空间分析功能将保障性住房人口分异指标等进行直观的展示。采用普遍用于公共品定价的意愿调查法（CVM）来评估非市场物品和服务价值，本书是评价保障房建设导致的居住就业空间失配所造成的福利损失。

二、技术路线

本书的技术路线见图 1－1。

① 窦小华：《武汉市居民居住空间结构研究》，华中师范大学博士学位论文，2011 年。

提出问题
研究背景及意义
研究目标及内容
相关概念解析、文献综述与理论基础
相关概念解析
空间分异研究综述
空间失配研究综述
住房保障理论
社会空间理论
福利理论
武汉市保障房发展历程、空间分布及特征分析
分析问题
保障房建设的空间分异效应检验、形成机制研究
保障房建设的居住—就业空间失配检验、形成机制和福利损失研究
武汉市保障房社区空间分异测度
中美空间失配形成机制的对比分析
保障房空间分异的动力机制分析
保障房社区居民空间失配福利损失研究
保障房建设的社会福利效应研究
保障房建设的社会福利效应测度和实证研究
考虑分布不平等的保障房建设福利效应测度研究
武汉保障房社区居民的社区依恋测度及其动因研究
保障房建设公共政策体系的构建
解决问题
封闭社区
混合居住、社会融合和社会机会分析
保障房建设的公共政策分析
完善我国保障房建设公共政策的建议
结论和展望

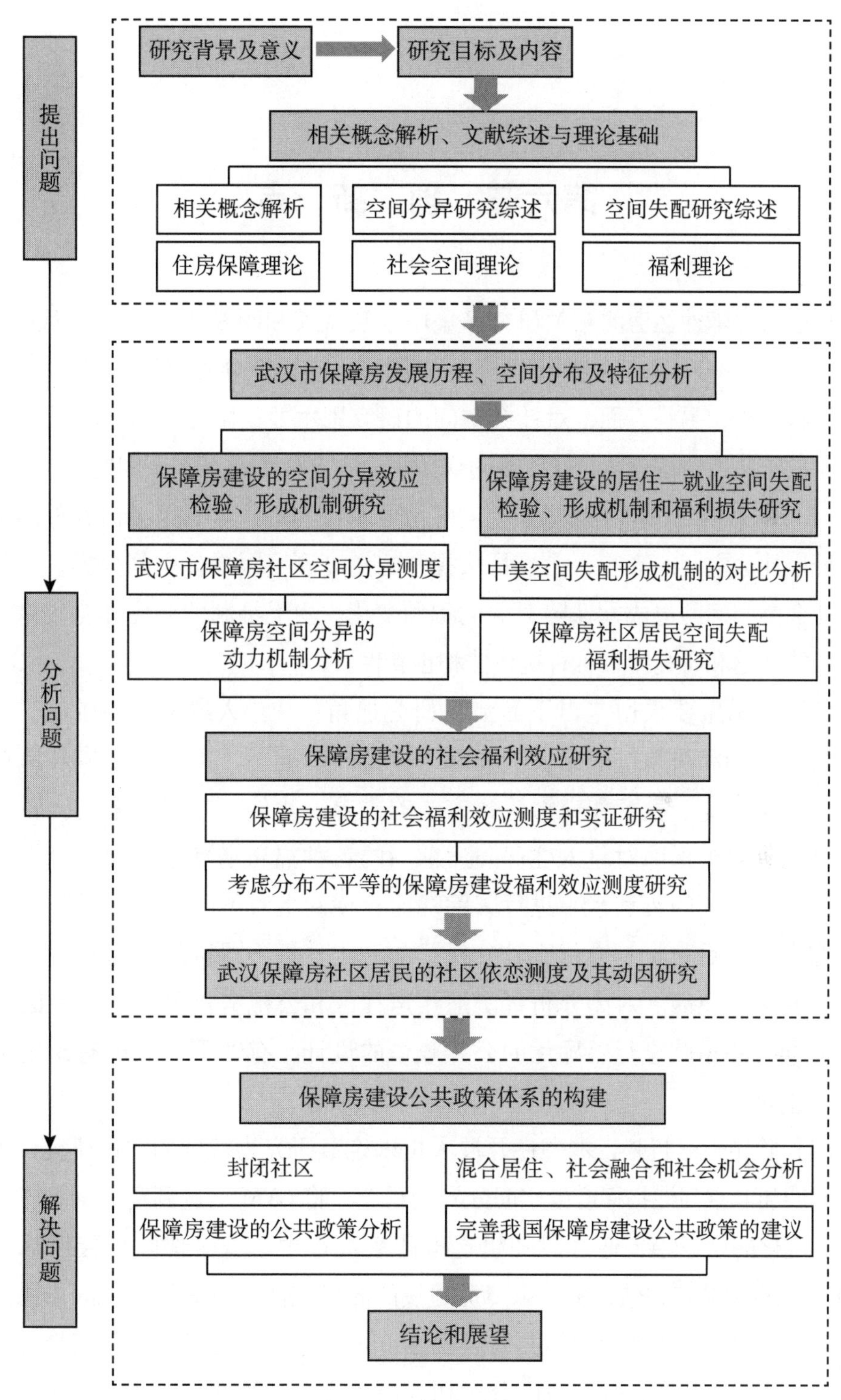

图 1-1 技术路线图

第六节　创　新　点

目前对保障性住房的相关研究多集中于从规模和制度角度出发，而对布局的关注不足。一方面，在空间层面的研究则多以描述性分析空间布局现状为主，定量分析较少；另一方面，对社会空间的研究则主要集中在某特定城市社会空间结构和某些特定群体中，缺乏针对保障房分布产生的社会空间问题的关注。

（1）本书结合城市社会学、空间经济学和福利经济学，主要研究保障房建设对城市社会空间的影响，尤其是从福利的角度测度因居住空间分异、空间失配等社会空间问题造成被保障对象的福利变化。由于福利的测度非常复杂，因此项目的选题和研究内容具有挑战性和创新性。

（2）本书主要采用“自下而上”研究视角：从个人或家庭的居住、就业等的选择行为和决策过程出发、在深入调查的基础上，探讨被保障对象在居住、生活、就业、教育和交通等各方面的需求。此外，本书还采用比较研究法，纵向上对被保障对象入住保障房前后的各种福利水平进行比较分析，对入住后不同时期的福利水平进行跟踪对比；横向上对不同类别被保障对象的各种需求、满足现状等进行比较分析，如对比分析不同年龄段保障房社区居民的空间失配原因、对比分析经济适用房社区和公租房社区居民在社区依恋上的差异，并据此进行差异化的公共政策的设计，有助于克服现有研究相对笼统的不足。

（3）除定性分析外，本书还开展大量以定量研究为基础的实证研究，如采用空间性和非空间性指标度量空间分异的程度；将 CVM 引进到空间问题导致居民福利变化的度量中，通过对随机选取的武汉市中心城区保障房社区居民的 CVM 支付意愿调查评估，衡量保障房建设的居住就业空间失配对社区居民造成的福利损失程度；基于 GIS 相关处理软件，分别选取全局指标和局部指标对保障房社区从环线分布、分行政区分布和分街道三个层面进行空间分异的定量测度并给予直观的展示。

第二章
保障房建设的社会空间效应的理论分析

理论分析是实证分析的重要基础。本章采取大量的文献阅读和综述的方法，在总结前人相关研究的基础上，从保障房建设或住房保障理论、社会空间理论和福利理论三个方面，构建分析保障房建设的社会空间问题及其福利效应的理论基础。

第一节　住房保障相关理论

作为一种社会制度安排，住房保障的发展深受各种社会价值理论、思想与流派演进的影响，从而构成了住房保障的多维理论基础。这些理论基础，主要体现为三个方面：福利与效率、权利与发展、公平与稳定[①]（周义，2016）。

一、福利与效率

住房、医疗、教育和养老作为福利国家的四大支柱，关于它们的争论从未停休，但关于住房的争论一直都是最为激烈的。在近百年的探索中，关于政府在住房市场中到底该如何作为；政府的干预是否能促进社会的整体福利；改善福利的措施是否违背市场效率原则等这些基础问题的认识和理解可谓百花齐放，千差万别。有的学者如托格森（Torgersen，2005）等认为："住房是福利国家一根摇晃的支柱[②]"；而另一些学者如费伊（Fahey，2009）等则提出："住房保障是西方福利国家最为关键的政策内容[③]"。不论如何，进入21世纪之后，对于这些问题的认识逐渐趋于相同。

首先，关于政府与住房市场的关系。政府应该干预住房市场，应该面对并

① 周义：《城市弱势群体的住房保障制度研究》，社科报告，2016年。

② Torgersen. *Housing: the Wobbly Pillar under the Welfare State* [J]. Scandinavian Housing and Planning Research, 2005 (4): 615-632.

③ Fahey, Norris M. *Housing and the Welfare State: An overview* [J]. Housing Theory and Society, 2009 (4): 761-798.

解决城市贫民的住房困难问题。因为住房市场虽然也受供求规律的约束，但是供需平衡的实现条件更为复杂，住房市场远不是一个典型的完备市场。另外，住房市场一旦出现异常，经常会对国家的宏观经济产生巨大的冲击。近年来，世界各国的经济危机都与住房市场的危机紧密相连，所以不管是多么崇尚自由经济的政府，通常都会采取各种措施以调控住房市场。而且，住房是一种兼具市场性、社会性及民生性的特殊商品。住房的自然属性使得政府干预住房市场变成可能，其社会属性使得干预变得可行，而民生属性则使政府的干预成为必要。

其次，关于政府住房干预与促进社会福利。由于住房在其生产和消费等过程中存在广泛的外部性，但是住房市场本身无法将这种外部性内部化，因此只有政府通过适当的干预和管控措施来解决这种外部性，以增进社会的整体福利。例如：住房生产占用了属于公共资源的土地，出现了社会边际成本大于个人边际成本的结果，即所谓负外部性。政府因此采取“土地使用管制”的干预措施，让土地使用者不仅承担私人成本，也要承担所造成的社会成本，调节市场自身的矛盾与问题。

为了实现社会福利的增进，政府对住房市场的干预应当满足目标性、制度性及工具性三个条件，即政府的干预要以维护公共利益为目标；制度设计上要避免政策措施的运行成本高于其带来的福利改善，即谨防“政府失灵”；干预实施中，要探索运用最有针对性、最具效力的政策性工具①（周义，2016）。

二、权利与发展

住房保障政策与对住房权的认识与发展是密不可分的。福利与效率理论构成了政府住房保障的经济理论基础，住房权利与社会发展理论则形成了住房保障的社会学与法学基石，涉及公民的权利与国家的义务，并将政策实践引向深入②（周义，2016）。

住房权作为一种经济和社会权利，产生于19世纪末现代民族国家，经历了

①② 周义：《城市弱势群体的住房保障制度研究》，社科报告，2016年。

一个推进和细化的过程。1948 年《世界人权宣言》规定："人人有权享有为维持他本人以及家属的健康和福利所必需的生活水准，包括食物、衣着、住房、医疗和必要的社会服务。"这被视为住房权的核心内容和基本依据①。关于"适足住房权"，联合国在 1991 年发布了著名的第 4 号意见。该意见认为，住房权不仅指一处安栖的住所，更是指一种安全、和平和尊严地居住于某处的权利；适足的住所意味着"适足的独处居室、适足的空间、适足的安全、适足的基本基础设施和就业的合适地点——一切费用合情合理"；住房权还包括住房机会平等、住房价格"可承受"和住房使用权稳定等。到了 20 世纪末，全球 50 多个国家都在宪法中明确规定了住房权。

国家的义务，与住房权相对应，它指的是国家应该通过相应的制度设计和政策安排以确保住房权的实现。关于住房权，国家的责任包括四个主要部分，即：尊重、保护、促进和实施住房权。具体来说就是："要求国家建立和完善住房保障制度，并为公民获得住房权包括住房使用权和所有权提供相应的便利条件；努力创造或增加居民享受住房权的机会；保障公民在其因能力缺陷无力获得住房时实现其基本的住房需求；积极消除无家可归现象；增加住房保障支出并合理确定补助对象；制定和实施住房最低标准等"②（周义，2016）。

三、公平与稳定

住房问题不仅是一个经济问题，更是一个政治问题。尽管世界各国住房保障的侧重点各有不同，住房保障措施也有所差异，却拥有相同的政治目的，即都希望通过建立与健全住房保障制度，促进社会公平和正义，维护社会稳定。

在工业化和市场化的过程中，社会财富分配不均成为一种客观存在，而住房困难问题本质上则是这种客观存在的一种重要表现。并且，住房作为一种重要的资产，其分配的差异性将进一步放大社会财富分配的不均，从而更容易引起社会的不满，引发社会公平性争议。当住房问题不断累积时，社会公平性争议高涨，社会矛盾激化，将直接影响社会稳定。

①② 杨华平：《基本住房权宪法保护》，中国政法大学硕士学位论文，2011 年。

虽然学界关于收入分配不均是否导致社会不公正还存在一定的争议，有的学者如哈耶克等认为“只要市场过程是合法公正的，那么具体分配结果的差异将无可指责”；而另一部分学者如罗尔斯等则认为“收入分配不均就是一种社会不公正现象，应该采用公共权利通过再分配予以纠正”。这些理论上的争议使得“促进收入分配公平成为各国政府公共政策最困难和最具有争议的一个问题”（保罗·萨缪尔森），但不管如何，从西方国家探索住房保障一开始，维护社会稳定就是一种重要的推动力量。到了今天，包括住房保障在内的社会保障政策已成为世界各个国家促进收入分配公平和社会财富分配公平的核心内容。因此，各国都设定了向弱势群体倾斜的住房保障政策，改善其居住条件，缩小其与其他群体的居住水平差距。这既是促进社会公平的重要内容，也是维护社会稳定的重要举措。

第二节　城市社会空间辩证法理论

哈维（Harvey，1973）在《社会公正和城市》（Social Justice and the City）首次提出社会空间辩证法（socio-spatial dialectic）的概念。索亚（Soja，1980）将列斐伏尔（Henri Lefebvre）的思想源泉与哈维（Harvey）的思想相结合，进一步正式提出社会空间辩证法的思想。社会空间辩证法是空间与社会统一整体观点的理论基础，它是空间生产理论的方法论，是理解和把握“空间生产”理论的关键，也是本书研究的重要支撑①。

一、社会空间辩证法理论内涵

关于人与环境（包括自然环境和社会环境）之间的相互关系，传统的地理

① 杨上广：《大城市社会极化的空间响应研究》，华东师范大学博士学位论文，2005 年。

学认为："城市空间由人来创造。当人们居住和工作在城市时，为了满足其需求和表达其价值，他们逐渐将自己的行为加注于其生活环境并进行修改和调整，由此形成对其特征的描述。但是，人们同时又必须逐渐适应其居住与生活的环境以及周边的人。可见，这是一个双向、连续的过程①。"这种相互的关系构成了城市社会地理学的研究基础。索亚（1980）由此提出了社会空间辩证法（a socio-spatial dialectic），他认为人和空间的关系，简单地说就是："人们创造和改变城市空间的同时，自己也被其居住和工作的空间以不同的方式控制和支配"。邻里和社区被创造、维系和改变；同时，居住在其中的居民的价值、看法和行为又不可避免地受到周围环境和周边人群的价值、态度和行为影响②。正在进行的城市化进程作为一个变化的背景，经济、人口、社会和文化等要素的力量在此背景中持续地与城市空间发生相互作用（Knox，1994）③。

迪尔和沃尔奇（Dear and Wolch，1989）指出社会空间统一体最基本的特征有三个：（1）社会关系距离通过空间被建立，正如区位的特征影响着居住的安排；（2）社会关系距离通过空间被限制，例如环境可能会便利人们的行为，但也可能阻碍人们的行为；（3）社会关系距离被空间所调节，正如"距离摩擦"会影响一系列社会行为的发展，包括人们的日常行为④。

因此，不能简单地认为空间仅仅是社会、经济和政治过程的媒介，它同时也以自己的方式对城市发展模式和在城市内不同社会群体的人们关系属性有重要的影响。空间组织不一定是影响社会群体相互作用的最主要因素，但它作为社会网络、朋友和婚姻的决定性要素无疑具有非常重要的意义。与此类似，领土也常常是各不相同的社会环境的开发基础，并且作为他们的利益具有同样的重要性，因为这决定了他们塑造居住者行为和态度的能力。最后，距离同样作为不同区位的城市生活质量的重要决定要素也凸显出来，因为它是决定例如工作、商店、学校、医院、公园和运动中心等机会和福利设施可达性的重要变量。因为隐含在对这些福利设施接近性中的好处会对人们所拥有的福利多少产生很大的影响，所以位置上的问题也是经常构成城市内不同阶级冲突的焦点。因此，空间观点便在城市政策分析中扮演了一个关键的角色。通过建立行政边界的空间区划（相对于城市功能分区）也就成为一个重要的空间属性，因为这也是城

①② 杨上广：《大城市社会极化的空间响应研究》，华东师范大学博士学位论文，2005年。
③④ 保罗诺克斯、史蒂文平奇：《城市社会地理学导论》，商务印书馆2005年版。

市生活的各个方面最直接的反射。地方部门边界线的区位决定了它的财政标准，例如学校汇集的区位寓示社区的地位和福利①。

社会空间辩证法证明了在城市空间内确实存在特定阶层及其赖以生存的空间同质性，这对城市居住空间的研究意义十分重大②。当前我国城市社会空间的演变中，市场化的选择机制占据主导地位，不同社会阶层的“空间隔离”逐渐凸显，随之产生的“社会距离”也日渐显现。如果任其发展，必然制约社会不同阶层的城市社会融合与和谐发展。社会空间辩证法为城市进行功能分区规划和空间配置，通过地域空间与社会空间的有机叠合来减缓社会矛盾等赋予了规范与指导的价值③（王效容，2016）。

二、社会空间辩证法理论运用

“空间生产”是法国的马克思主义社会学家列斐伏尔（Lefebvre）提出的重要概念。他在《空间的生产》一书中（The Production of Space）将空间引进其研究，并提出“空间中的生产（production in space）”转变为“空间的生产（production of space）”，二者的区别在于：“空间中的生产”指自然属性的空间，而“空间的生产”则指社会属性的空间。列斐伏尔认为空间的生产主要表现为具有一定历史性的城市急速扩张、社会的普遍都市化，以及空间性组织的问题等各方面。他把空间的生产表述为城市化过程中的社会现象，空间作为一种社会产品，它能够介入于自我生产之中，每一种社会关系、社会产品和社会生产模式下都能产生出独特的社会空间。空间生产是一个特殊的生产部门，而自然物质空间是其操弄的对象④。

在列斐伏尔提出空间生产的概念之后，许多学者从多方面对其理论进行了继承和进一步发展。如哈维（David Harvey）继承并发展了列斐伏尔有关资本循环的观点，从生产的角度揭示了城市空间塑造的内在机制，提出资本三级循环

① 保罗诺克斯、史蒂文平奇：《城市社会地理学导论》，商务印书馆 2005 年版。
② 李阿萌：《保障性住区建设的社会空间效应及调控策略研究》，南京大学硕士学位论文，2012 年。
③ 王效容：《保障房住区对城市社会空间的影响及评估研究》，东南大学硕士学位论文，2016 年。
④ 邵祁峰：《保障性住区的空间生产与社会再造》，南京大学硕士学位论文，2012 年。

理论[①]；卡斯特（Manuel Castells）则从消费的角度分析城市空间的形成，进而提出了人们的“集体消费”是城市发展的核心问题；索加（Edward soja）则揭示了多元文化并存下对于个人身份、都市空间的建构的“第三空间”，从另一角度深化了列斐伏尔的空间生产理论[②]。

空间生产理论认为空间是在历史发展的过程中产生的，并随历史的演变而重新解构和转化。作为一种生产力和生产资料、一种巨大的社会资源、一个消费对象和国家的政治工具，空间是带有意图和目的而被生产出来的，它既是利益角逐的场所，又是利益角逐、充溢着各种意识形态的社会产物，从而使空间本身成为资本积累及统治的手段。

空间生产理论对本书的重要启示是：在快速扩张的城市化进程中，政府依靠政策、资本、物质基础（基础设施等），整合利用社会资源和自然资源，像工厂生产产品那样生产新的空间；在这过程中，政府为了增加产出获得更多的剩余价值，就得不断地压低生产成本，例如拆迁安置政策、土地置换等；而政府从中获得的大量收益则为其推动日益加快的城市化进程和滚动开发的城市建设创造了有利条件[③]。

三、城市社会空间分异理论[④]

社会空间分异是指各种社会要素在空间上明显的不均衡分布现象。一般而言，城市要素或城市社会要素往往在空间分布上存在千差万别，没必要甚至也不可能追求所谓的均匀。但是，当这种空间差别变得愈发明显、突出，甚而影响到城市发展、产生城市问题时，便将其称为城市社会空间分异。

城市社会空间作为一种特殊的城市社会地域系统，是城市社会“等级结构”在城市空间上的外在表现。其分异的过程，实质就是城市社会经济关系分化推动物质环境分化的过程。对城市社会空间分异的把握需要两个维度的考量。首先，分异意味着各区域形态的不同，不同的城市布局直观地展现出区域之间的

① 赵丹：《消费空间与城市发展的耦合互动研究》，南京大学硕士学位论文，2013 年。
② 吴宁：《日常生活批判——列斐伏尔哲学思想研究》，人民出版社 2007 年版。
③ 邵祁峰：《保障性住区的空间生产与社会再造》，南京大学硕士学位论文，2013 年。
④ 王效容：《保障房住区对城市社会空间的影响及评估研究》，东南大学博士学位论文，2016 年。

差异；其次，分异内含着对城市要素流动的限制，形成相对隔绝与封闭的区隔，区隔内部个体相似度较高而区隔边界两端则体现出较为明显的差异，同时，不同区隔之间要素不能正常地流通，此两要素缺一不可①。

西方城市社会地理学者特别强调对差异和不平等以及基于它们的城市社会空间结构模式的研究，因为它们能够展示充满隔离、交叠和极化作用、纷繁复杂如万花筒般的城市景观，因而对作为社会空间分异最明显表现的居住分异和以空间视角切入城市贫困的研究表现出了极大的兴趣，这也是西方地理学领域重要的研究议题②（王效容，2016）。我国虽然城市化进程起步较晚，但是经过三十多年的改革开放建设，我国的城市发展已取得长足进步，而在这一波快速城市化进程中，我国城市的社会空间分异在北京、上海、广州等特大城市业已悄然形成，这一点已经得到国内诸多研究的实证表明。同时，城市社会空间分异作为一种城市发展现象在全国其他城市迅速地发展蔓延。

城市社会空间分异是城市范围内各组成要素及其综合体在空间上的差别，它不但包含物质实体，同时也涉及城市居民的经济、文化生活和社会交往等各个方面③。根据冯建④、庞瑞秋⑤、朱明艺⑥等人的研究，我国城市社会空间分异的表现主要为三个方面：居住空间分异、行为与感知空间分异和公共服务设施分异。

（1）居住空间分异。从微观角度而言，城市居住空间分异是城市物质环境的空间分异在社会空间内的集中体现。所谓居住空间分异，是指由于房价的“过滤”机制和社会经济差异的“分选”机制，使得不同职业类型、文化背景、收入水平的居民对住房的选择趋于同类相聚，不同特性的居民聚居在不同的空间范围内，整个城市的居住空间分布形成一种相对集中、相对独立、相对分化甚至相互隔离的现象。在相对隔离的区域内，同质人群有着相似的社会特性、遵循共同的风俗习惯和共同认可的价值观，或保持着同一种亚文化；而在相互隔离的区域之间，则存在较大的差异性。简而言之，即是指由于居民的职业类

①⑥ 朱明艺：《新韦伯主义视角下我国城市社会空间分异及其治理研究》，山东大学硕士学位论文，2014 年。
② 王效容：《保障房住区对城市社会空间的影响及评估研究》，东南大学博士学位论文，2016 年。
③ 师春梅：《城市居住空间分异问题研究综述》，载《黑河学刊》2010 年第 11 期。
④ 冯健：《正视北京的社会空间分异》，载《北京规划建设》2005 年第 2 期。
⑤ 庞瑞秋：《中国大城市社会空间分异研究》，东北师范大学博士学位论文，2009 年。

型、收入水平及文化背景差异产生的不同社会阶层的居住区[①]（吕露光，2004）。

在经济全球化的“时空压缩”下，大城市的产业结构发生重组与变迁，城市劳动力日益分层，从而导致收入差距拉大，造成城市社会空间日益分化为贫富两极的空间极化格局。萨森（Sassen，1991）的研究表明了全球化对大城市尤其是所谓“全球城市（the global city）”如纽约、伦敦、东京的巨大影响：一方面是金融、贸易等产业的大规模发展使得跨国公司总部和国际精英在这些城市集聚；另一方面是为这些精英提供服务的产业，大量的国际移民成为低技术且低工资服务业的劳动力[②]。城市产业结构的转型所带来的城市职业结构转型，造成城市空间逐渐分化、碎化和极化（Fainstein，1992）：其中一极是指居住在舒适豪华的高雅社区的精英阶层，这些社区通常通过围墙、保安等阻碍甚至杜绝外人的自由进入，形成所谓的封闭型社区（gated community）；另一极则是城市低收入人群或有色种族等所谓下层阶级居住在衰败的城市中心区（Wilson，1987）。

在社区多元化的发展背景下，作为城市社会空间分异最显性化特征的居住空间分异在我国大中城市都有体现，这种现象背后体现的是城市不同阶层的居住选择意愿，城市居民阶层化及随之而来的居住分离是其内在动因。

（2）行为与感知空间分异。居民的感知与行为是对物质环境结构的反映和响应的结果。从生态学的角度来分析，这与社会各阶层所占据的生态位势以及他们对城市公共资源的接近程度、控制能力的分异息息相关。这方面的研究相对较少，还处于起步阶段。

（3）公共服务设施分异。城市的公共服务设施是城市居民生活品质化的重要保障。目前在城市发展的过程中，不同区域的公共服务设施分异日益明显。例如在文化教育方面，优质的教育资源、图书馆或影剧院，本应按照其公共性的性质在城市不同区域间相对平衡地分布，但现实却是很大一部分此类设施过分出于成本收益的分析，集中分布于城市的中心位置或经济发展水平相对较高的区域，而城市其他尤其是偏远地区则不便于使用这些文化设施，从而造成城市居民对该类公共服务设施的享用水平出现较大的差异。除此之外，医疗设施、便民服务设施也与之非常类似，目前也表现出较为明显的区域不平衡性。诸多

① 吕露光：《城市居住空间分异及贫困人口分布状况研究——以合肥市为例》，载《城市规划》2004 年第 6 期。

② Sassen. S. The global city [M]. Princeton. NJ: Princeton University Press, 1991: 45 – 50.

差异因素的累积，导致我国城市不同区域的公共服务设施分异愈加明显①（王效容，2016）。

第三节 福利相关理论

福利的思想和理论在经济学中占据着非常重要的地位和影响。尽管不同学科、不同学派关于福利（Welfare，Well-being）的概念和内涵争议很多，但这毫不妨碍它作为人们追求的目标，一切进步的党派和政府也都以不断提高国民的福利水平作为其责任和追求目标。个人福利水平是个人生活质量、发展潜能和幸福指数的综合反映，社会福利水平则是组成社会的个体各自福利水平的总和。如何测量或比较个人或社会的福利水平，不仅是一个经济学的理论和方法问题，同时也是一个重要的政策选择问题，因为这是不平等程度和贫困状况分析以及再分配政策制定的基础。因此，英国学者巴尔等（Barr et al.，2000）说："福利经济学是当今对世界影响最为广泛、对人类社会作用最为深远的创造性成就。"学者黄有光教授在其《社会福祉与经济政策》一书中也指出："虽然福利不等同于价值，但所有的价值都必须由福利来解释。"② 就福利经济学的本质而言，它始终在关注和探索——"在一定的价值判断基础上经济应该如何运行，或者一种经济状态是否更好于另一种经济状态（姚明霞，2001）③"。

根据对"福利"概念和内涵的不同阐释，福利思想的理论构成体系可分为"主观主义福利理论""客观主义福利理论"和"可行能力方法福利理论"三大类。

一、主观主义福利理论

主观主义福利理论认为"福利"就是"效用"，效用是个人对物品或服务的

① 王效容：《保障房住区对城市社会空间的影响及评估研究》，东南大学博士学位论文，2016 年。
② Barr N，Whynes D. *Current Issues in the Economics of Welfare* [M]. St. Martin's Press，2000.
③ 姚明霞：《西方福利经济学的沉浮》，载《当代经济研究》2001 年第 4 期。

一种主观心理评价，也是测度和评价福利的工具或指标①。由于“效用”的具体内涵不同，主观主义福利理论又分为功利主义（utilitarianism）效用福利理论和边际主义（marginalism）福利理论。

功利主义福利理论起源于18世纪，边沁作为该理论的奠基人，批判了不可侵犯的自然权利概念，并代之以最大幸福原则作为经济政策的基础。穆勒通过将功利和自由进行杂糅对边沁的功利主义理论进行了完善，同时相较于边沁的只关心社会幸福总量，穆勒更关心分配公平问题。

19世纪70年代，杰文斯、瓦尔拉斯和门格斯将边际概念与效用相结合，引发了所谓的边际效用革命，形成了边际主义福利理论。他们把总效用和个体的效用区分开来，重点从功利主义追求的社会效用最大化转向追求个人效用的最大化②。

二、客观主义福利理论

与主观主义将主观感受作为福利的衡量基础相对，客观主义福利理论主张以对个体产生效用的客观物质作为福利的衡量基础。例如：庇古（Pigou）、罗宾斯（Robbins）等提出用收入、货币或财富的多寡衡量福利；费雪（Fisher）、艾伦（Allen）、希克斯（Hicks）等提出以商品的持有量或消费支出多寡测量福利；罗尔斯（Rawls）则主张以拥有的基本物品测度福利，并且他指出这里的基本物品包括“每个理性的人所必须”的“权利、自由、机会、收入、财富以及自尊的社会基础等”。另外，德沃金（Dworkin）等提出以拥有的资源量考察衡量福利水平。总之，这些思想有一个共同的特点，就是都主张从商品、资源、收入、财富、消费支出和基本物品等所谓的“客观物”角度来界定和衡量福利。由于在具体的观点和方法上有所差异和分歧，客观主义福利理论又形成了若干不同的流派，包括旧福利经济学和新福利经济学。

庇古在20世纪早期综合了边沁、杰文斯等人的成果并进行发展，形成著作《福利经济学》，奠定了他作为旧福利经济学鼻祖的地位。庇古将福利区分

① 周义：《巨工程项目冲击下移民的福利变迁、能力补偿和博弈分析》，重庆大学博士学位论文，2014年。
② 张莹：《武陵山退耕还林区生态移民福利变化研究》，华中农业大学硕士学位论文，2015年。

为经济福利与非经济福利，重点研究经济福利。庇古的福利观点主要有二：第一，社会所有个体效用的加总就是社会的整体福利。所以要想增加国民收入的总量，就要使社会的总产量增加，而前提就是要使社会资源的配置达到最优。第二，国民收入分配的越均等化，社会整体的经济福利就越大。简而言之，社会经济福利水平的高低在很大程度上取决于国民收入总量及其分配状况①。由于收入的边际效用递减特性，国家应该利用税收等手段劫富济贫，以消除国民收入在社会各成员间的分配不均，增加社会的整体福利水平，这也是所谓的旧福利经济学。

在20世纪30年代，罗宾斯、卡尔多、勒纳等人对庇古的旧福利经济学相继进行批判并从帕累托理论出发提出了不同的观点，建立了所谓新福利经济学。他们的观点主要有三个方面：第一，个人才是其福利的最好判断者，社会伦理及价值判断不应掺入，所以应采用序数效用而避免效用在个人之间进行比较的基数效用；第二，个人的福利总和决定社会总福利；第三，应该采用偏好来表达效用，并使用帕累托标准来评判效用，即“若至少有一个人状况变得更好，而没有一个人状况变得更坏，那么整个社会的状况就变得更好，这种更好的状态就是可取的②”。和旧福利经济学相比，新福利经济学更加关注效率并认为效率是福利研究的主要内容。

1938年，伯格森（Bergson）指出对福利的研究应该同时注重效率与公平，并且开启了社会福利函数研究的新方向③。此后，萨缪尔森（Samuelson）等对社会福利函数继续研究，逐渐形成了社会福利函数理论。该理论认为，福利可以通过一个包括社会中所有个人或家庭购买或消费的商品及其从事劳动所提供的各种要素的函数来体现；帕累托最优状态并不唯一；社会福利最大化的唯一最优状态，必须以福利在社会所有个体间合理、公平地分配为条件④。

函数论派的不足是他们只提出了一种概念而并没能确定一个具体的函数形式，阿罗（K. J. Arrow，1945）就此进行了专门研究。阿罗提出，要确定能准确体现社会福利的多元函数形式，需要预知所有个体偏好的次序，再通过某种方式和方法将这些个体的偏好次序推导出最后的社会偏好次序。由于每个个体的福利函数各不相同，只有满足一系列非常严苛的前提条件，才可能进行这样的

①②③④ 张莹：《武陵山退耕还林区生态移民福利变化研究》，华中农业大学硕士学位论文，2015年。

推导。但是现实中这些严苛的条件同时满足是根本不可能的，因此基于福利函数理论的社会选择机制也是不可能的，这就是著名的阿罗“不可能定理”。

三、阿玛蒂亚·森的可行能力福利思想

森（Sen）认为，主观主义福利理论的致命缺陷是“把福利看作本质上是一种心理特征”，从而导致了高度的主观性，并由此产生一系列误导性的结论。首先，个体情绪是易变的，个人的愿望或快乐会随着环境改变而改变，以快乐、愿望满足作为效用的衡量标准很容易受“适应性行为和心理调节”（Sen，2002）的影响[①]。其次，仅以快乐或满足程度为福利评价基础，忽略了福利的其他潜在但重要的内容，如健康、获得公共服务、自由、民主等，显失全面性[②]。另一方面，客观主义福利理论以拥有“物”的多少作为福利衡量比较的核心尺度，同样存在着所谓的全面性问题，或效用一元性问题；同时该理论还存在“异质性”，即由于个体的异质，即使客观环境相同，等量的物质对不同的人带来的效用也会不同（Sen，2004）[③]。所以从物到福利效用之间不能是简单直接的转换，其间隔着巨大的转化鸿沟。

通过对传统福利思想的深刻反思，阿玛蒂亚·森（A. Sen，1993）创建了基于“可行能力方法”的新福利理论。可行能力方法福利理论不是以传统的“偏好”或“效用”为基础，而是以“功能”和“能力”作为理论框架的基石，是依据“个体实际的生活状态和未来可能的成就或未来能成为什么”来表述其福利。该理论的核心在于强调人们有追求他们所珍视的生活的权利和自由，即可以根据个人自己的能力、通过采取有价值的行动来达到生命中有价值的状态（Sen，1993）[④]。

所谓功能（function），是指个体当前已经取得的成就，或个体能够去做某事或他所处的状态，如拥有健康的身体、舒适的住宅、适当的休闲、公平教育的权利、良好的社会关系等。可见，功能本身就是生活的各个不同方面，而生活

①③ 周义：《巨工程项目冲击下移民的福利变迁、能力补偿和博弈分析》，重庆大学博士学位论文，2014 年。

② 高进云、乔荣锋、张安录：《农地城市流转前后农户福利变化的模糊评价——基于森的可行能力理论》，载《管理世界》2007 年第 6 期。

④ Amartya Sen. *Capability and well - Being* [M]. In：M. Nussbaum and A. Sen（eds），1993：30 - 53.

就是相互关联的功能性活动（functionings）的集合，对功能性空间内的福利评价可以通过评估生活的组成成分来直接反映和实现（Sen，2006）。据此，森的可行能力理论在测度功能性活动集的福利时，给出了如下著名的概念方程：

$$B_i = f_i(c(x_i),\ z_i) \quad \forall f_i \in F_i,\ \forall x_i \in X_i \tag{2.1}$$

其中，B_i 表示当前个体已实现的成就或所处的功能向量集；x_i 为个体选择的市场或非市场的资源物品及服务；$c(x_i)$ 代表将选择的商品映射到商品属性空间的映射函数，例如：汽车作为一种商品，其商品的特征属性是交通便利、装载货物等；z_i 为转换因素向量（conversion factors），包括：个体的异质、环境的多样、社会氛围的差异、人际关系的不同、家庭内部的分配等①（Sen，2002）；f 代表转换函数，该函数将商品属性在转换因子 z_i 的条件下转变为个体的福利或功能成就向量集。X_i 为个体可能选择的所有资源物品及服务的集合，或称为资源约束；最后，F 为所有可能的转换函数集②。

公式（2.1）清楚地表明，影响个体生活水准或功能性福利水平的不是资源、商品、服务本身，而是资源、商品及服务能为人们带来什么，以及人们能利用这些资源、商品及服务做些什么（姚明霞，2001）③。不同的人在不同的环境下可能将相同的资源、商品转换成完全不同的功能性活动，个体可以获得的功能性活动与该个体的特征和社会经济条件密切相关。

与功能性活动组成个体的福利相对应，能力（capability）代表着个体可以获得福利的真正机会和选择的自由，是各种可能的功能性活动向量的集合（Sen，2006）。作为功能的衍生概念，能力蕴含着自由，是个体拥有的实现各种功能组合的潜力以及在不同生活方式中做出选择的自由，拥有能力意味着个体将获得实质的自由，从而成为“真正的人”。

能力与功能之间是一种相辅相成的辩证统一关系。能力必须依托于一定的功能状况，个体的功能状况是实现其实质性能力的基础和保证；但这里的能力是个体实现其潜在成就的能力，拥有某种能力并不意味着他必然实现相应的功能。能力体现了个体选择机会的多少和选择的自由度大小，当个体的选择机会很小甚至别无选择时，即使他拥有一定的功能，但是其能力也是相当有限的

① Sen，Amartya. *Rationality and Freedom* [M]. Cambridge，MA：Harvard University Press，2002.

② 周义：《城市弱势群体的住房保障制度研究》，社科报告，2016 年。

③ 姚明霞：《西方理论福利经济学研究》，中国人民大学博士学位论文，2001 年。

(Sen，2006)。从这一角度看，能力比功能更能反映个体的福利。

据此，森（2006）采用一对有序数组（b，r{A}）来表征其界定的福利，其中，b为个体实际获得的生活水平或功能性活动；a或（b，r{A}）为个体的能力。这样，对于选择集为（b，a）的个体与选择集仅为（b）的个体，虽然二者最终都选择了（b），但是因为前者有选择权而后者没有选择，所以前者的福利是肯定高于后者的。正如森（2004）在《集体选择与社会福利》所指出，个体的福利水平与其生活状态直接相关，所以在评价福利的状况时专注于功能性活动是合理的；但福利状况肯定不能独立于能力或自由，因为有能力进行自由选择的本身就具有特别的价值。

自从阿玛蒂亚·森（1993）创建可行能力方法，其理论思想作为福利分析一种更为完整的理论框架受到了非常广泛的认可。该理论考察了除效用以外的构成福利的更多内容，并分析了它们之间的关联，强调了所追求的目标应该是社会福利的最大化，这其中不仅包括个人效用的提高，也包括自由、平等、个人权利等方面的保证和提高（姚洋，2001)①。森的可行福利理论，使得贫困、不平等等问题均呈现出一种崭新的、也更清晰的含义（Martinetti，2000)②。

---

① 姚洋：《社会排斥和经济歧视—东部农村地区移民的现状调查》，载《战略与管理》2001年第3期。

② Martinetti. *Multidimensionality and Complexity on Sen's Functioning Approach* [J]. Review of Economic Studies, 2000.

第三章
武汉市保障性住房建设与空间布局现状分析

保障房社区的产生与保障房建设的发展历程密不可分，分析保障房社区的形成过程是研究保障房建设对城市社会空间影响的基本资料和实证基础。本章按照从数量到结构、从宏观到微观、从面到点、从总体到个体的整体顺序首先阐述保障房建设的发展历程，其次总体描述武汉市历年保障房的空间分布，然后对调研的部分小区进行小区层面和家庭成员层面的特征表述，最后形成对武汉市保障房建设和保障房小区的总体特征的一个整体性概括。

第一节　武汉市保障性住房建设的发展概况

2012 年以来，江西、广州等地正式宣布停建经济适用房。2013 年 5 月，武汉房管部门声明：武汉市最快将在 6 月初启动公共租赁房资格的申请，而经济适用房将逐步退出。从此，武汉将像国内许多城市一样停建经济适用房。用公租房取代经济适用房，成为大势所趋。作为全国最早开建经济适用房的城市，武汉保障性住房包括经济适用房经历了怎样的发展历程，本节将做以回顾。

一、武汉市保障房建设发展历程

1998 年 7 月，我国发布《国务院关于进一步深化城镇住房制度改革加快住房建设的通知》，这是开启我国住房改革和保障性住房体系发展的里程碑[①]。如果将我国保障性住房体系的发展进行阶段划分的话，1998 ~ 2006 年都属于体系探索阶段，保障性住房的大规模建设和各种进一步具体政策措施推行是在 2006 年之后才逐步展开。

作为中部地区的中心城市，武汉市在保障性住房建设方面一直走在了全国的前列[②]。早在 1992 年，武汉市推出了《武汉市住房改革方案》，开展了名为

① 杨敏锐：《武汉市公租房供应与分配管理问题研究》，湖北大学硕士学位论文，2013 年。
② 韩芳：《武汉市保障性住房运行模式研究》，武汉理工大学硕士学位论文，2013 年。

“汉康工程”的经济适用房计划，在全国率先开展了福利保障房的建设①。2002 年在出台的保障房体系中，对廉租房申请人的条件及租金标准等要求进行具体规定。2008 年武汉市国土房产局就廉租户、租赁户、经济适用户、进城务工人员住房困难问题，为其建立起相应的住房保障政策体系②。2009 年武汉市出台的《武汉市经济适用住房管理办法》及《武汉市廉租住房保障办法》为全市的保障性住房建设管理工作提供了依据与途径③。2012 年 7 月，武汉出台了经济适用房交易新规定，对于当年 7 月后新项目的经济适用房，交易时必须按照房价与原来购置价价差的 70% 标准补交土地出让金④。同年 10 月，武汉试行经济适用房跨区销售。2013 年 5 月，武汉市住房保障和房屋管理局发文取消经济适用房。

二、武汉市保障性住房建设现状

（一）武汉市保障性住房建设规模分析

据资料显示，2011 年，湖北省政府给武汉市的保障房建设下达的任务要求对保障房的建设量是 11.8 万套，该建设量使得武汉市的保障性安居工程项目数在 15 个副省级城市之中位列首位，而武汉超额完成了目标任务。表 3 – 1 显示了 2012 ~ 2014 年武汉市保障性安居工程建设项目情况。根据武汉市政府下达的通知，2015 年洪山区的保障房建设项目任务为：新开工项目目标 10 200 套；基本建成目标 14 000 套；分配入住目标 7 500 套；新增保障性住房租赁补贴 100 户。此可见，近几年中，武汉市保障性安居工程建设在不断持续稳定进行中。

① 方洁：《关于武汉市保障性住房建设的问题研究》，载《经济视角（中旬）》2011 年第 8 期。
② 胡培：《保障房社区居民职住分离及福利损失研究》，中南财经政法大学博士学位论文，2015 年。
③ 韩芳：《武汉市保障性住房运行模式研究》，武汉理工大学硕士学位论文，2013 年。
④ 资料来源：武汉市经适房交易规则出台，七成收益须上缴，http://news.cnxianza、

表 3－1　2012～2014 年武汉市保障性安居工程建设项目情况　单位：套

年份	新开工项目数	基本建成项目数
2012	107 945	58 000
2013	54 594	40 600
2014	76 226	48 000

资料来源：武汉市住房保障和房屋管理局网。

1. 经济适用房

为了解决武汉市中低收入家庭的住房问题，武汉自 1993 年开始经济适用房的建设，也开始了住房保障体系的构建。在 20 多年的发展历程中，武汉经济适用房的竣工面积如表 3－2 所示①。

表 3－2　武汉市 1998～2014 年经济适用房住房竣工面积　单位：万平方米

年份	竣工面积规模
1998 年末累计	179.4
1999	92
2000	65
2001	97.73
2002	112.5
2003	61.16
2004	56.25
2005	54.52
2006	58.64
2007	98.35
2008	122.27
2009	163.34
2010	167.3

① 胡培：《保障房社区居民职住分离及福利损失研究》，中南财经政法大学博士学位论文，2015 年。

续表

年份	竣工面积规模
2011	190
2012	76
2013	38.57
2014	12 524 套（约 71.5）
合计	1 633.03

资料来源：武汉市统计年鉴（1994～2014 年）。

结合表 3－2 的统计数据和图 3－1 可以发现，截至 2014 年，武汉市经济适用房共竣工约 1 633.03 万平方米，为解决中低收入群体住房问题做出了巨大的贡献。从 1998 年至 2011 年的十几年里，武汉市所建设的经济适用房，其竣工规模基本呈现逐步增长的趋势。具体来说，1999 年经济适用房的竣工规模为 92 万平方米，2002 年的竣工数量为 112.5 万平方米，是经济适用房在武汉市推出后的第一个新高，但不可否认，这个数据很可能隐含有一定比例的单位福利房。其后是在 2008 年、2009 年经济适用房的竣工数量迅速增加，分别达到 122.27 万平方米和 163.34 万平方米，这一波的经济适用房是 2006 和 2007 年开始施工的，说明 2006 年以来武汉市大大增加了对经济适用房的和投资力度和建设规模。一直到 2011 年，武汉市经济适用房的竣工面积达到历史的最高，为 190 万平方米①。

从表 3－2 和图 3－1 可以迅速发现：2012 年武汉市的经济适用房竣工面积骤然下降，新建 6 000 套，竣工面积下降到 76 万平方米②。2013 年的经济适用房竣工面积进一步下降为 38.57 万平方米。众所周知，“十二五”以来全国各地的保障房建设规模急剧增加，武汉自然也不例外。经济适用房的建设比重骤然下降，并不意味着武汉 2012 年之后保障房的供给规模下降，而是 2012 开始年武汉市政府为了提高住房保障的效率，实现分配公平，将租赁性保障房成为该市保障房的主流。

① 数据来源：根据历年武汉市统计年鉴数据整理得出。
② 胡培：《保障房社区居民职住分离及福利损失研究》，中南财经政法大学博士学位论文，2015 年。

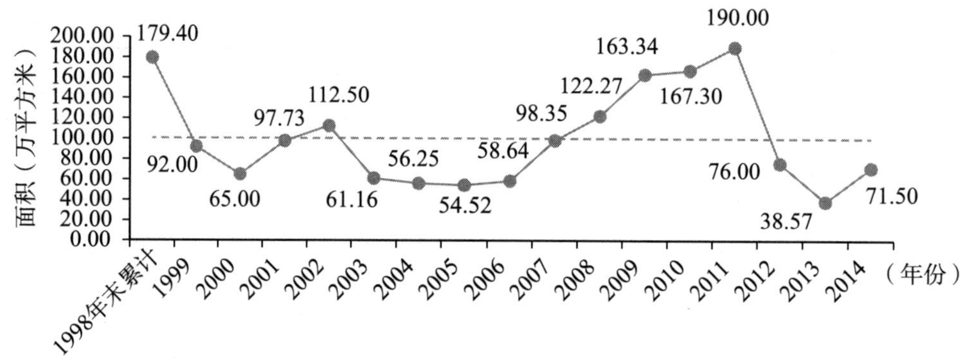

图 3－1　武汉市 1998～2014 年经济适用房竣工面积总量曲线图

2. *廉租房与公租房情况*

结合表 3－3 的数据和图 3－2 可以发现，在 2003～2014 年的 20 余年里，武汉市通过廉租性住房的建设总共解决了 379 025 户低收入家庭的住房问题，其中租金核减的家庭共有 35 354 户，租金补贴的家庭共有 284 565 户①（必须说明的是，2010 年开始，统计年鉴将租金补贴和租金核减进行了合并），配方租赁的家庭共有 59 106 户，总体而言，租金补贴和租金核减方式占超过 85% 的绝对性比例。

表 3－3　　2003～2014 年廉租房公租房完工情况统计表　　单位：户

年份	租金核减	租金补贴	配方租赁	合计
2003	2 677		228	2 905
2004	3 584		129	3 713
2005	5 326	2 106	236	7 668
2006	7 917	7 959	300	16 176
2007	7 850	12 441	382	20 676
2008	8 000	29 523	1 505	39 028
2009		27 125	7 913	35 038
2010		17 777（含核减）	10 000	27 777
2011		39 765	4 515	44 280
2012		60 496	11 091	71 587

① 胡培：《保障房社区居民职住分离及福利损失研究》，中南财经政法大学博士学位论文，2015 年。

续表

年份	租金核减	租金补贴	配方租赁	合计
2013		51 607	5 757	57 364
2014		35 766	17 050	52 816
合计	35 354	284 565	59 106	379 025

资料来源：武汉市统计年鉴（2003～2014年）。

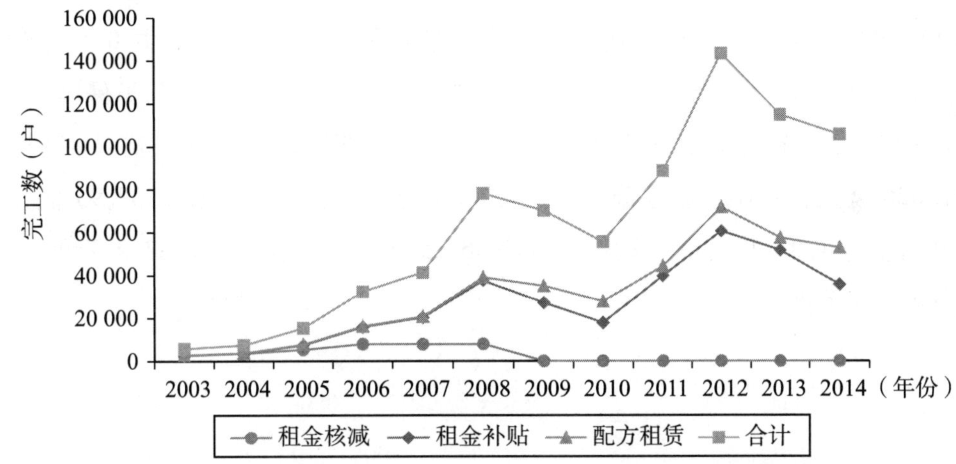

图3－2 武汉市2003～2014年廉租房竣工面积总量曲线图

从过程来看，廉租方式保障住房困难家庭的数量基本呈现逐年增长的态势，从2003年的2 905户总量增加到2012年的71 587户，增长了12.43倍[①]，2013年和2014年有所回落，但仍然比2011年要高。从图3－2可见，通过租金核减的保障方式，在有统计数据的年份里，呈现和廉租房总量一样的增长态势；通过租金补贴保障方式从2005年开始获得数据，但是自2010年开始，租金补贴和租金核减合并为一个数据，这两者的和在2009年稍有回落，但是2011年幼开始迅速增长，说明了武汉市对低收入家庭的租金核减和补贴力度一直在加大。配方租赁的保障方式增长趋势也和廉租房总量的增长趋势一样，廉租房的每一种供给方式都在逐年增长。所以说，廉租房为解决城市低收入群体的“住有所居”问题做出了巨大的贡献。

2010年6月12日住房和城乡建设部等七部委联合制定的《关于加快发展公

① 胡培：《保障房社区居民职住分离及福利损失研究》，中南财经政法大学博士学位论文，2015年。

共租赁住房的指导意见》[①] 正式对外发布，并提出要进一步加大以公共租赁住房为主的保障性安居工程的建设力度。从此，公共租赁住房制度的研究和探索提到了议事日程[②]，全国各大城市相继推出了公租房的供应计划。2012 年 2 月，武汉市住宅与房地产发展“十二五”规划也公布了武汉市将建立以公租房为核心的新住房保障体系，且将保障范围扩大到新就业职工和在汉外来务工人员[③]。

根据《武汉市住房保障“十二五”规划》，武汉市五年内将筹集建设公共租赁房 450 万平方米，11 万套，其中新建 425 万平方米，为 10. 5 万套，用地面积 160 公顷，通过存量房市场筹集成套租赁房源 25 万平方米，共 0. 5 万套。为此，武汉市房管、规划等部门联合对“十二五”期间武汉市各类保障性住房的资金需求做出了精确的测算。“十二五”期间，保障性住房共需资金 351. 025 亿元，其中：新建廉租住房需 31. 8 亿元；经济适用住房 37. 95 亿元；公共租赁房 130. 125 亿元；动迁安置房 56. 25 亿元；限价商品房 87. 9 亿元，租金补贴 7 亿元[④]。

第二节　武汉市保障房小区空间布局分析

一、武汉市保障房小区空间分布发展历程及现状

根据《武汉市统计年鉴》、武汉市住房保障和房屋管理局、武汉市房产信息网、搜房网等相关来源，本节探究 1994 年以来武汉市保障房小区空间分布的发展历程。

由于 2013 年以前，武汉市保障房的建设主要以经济适用房为主，而且其他

① 沈建新：《我国城镇居民保障性住房供给研究》，载《钦州学院学报》2013 年第 12 期。
② 潘爱民、王芳：《公共租赁住房融资模式的国内外综述》，载《当代经济管理》2013 年第 1 期。
③ 资料来源：武汉市住房保障局《武汉市住宅与房地产发展“十二五”规划》，2012 年。
④ 杨敏锐：《武汉市公租房供应与分配管理问题研究》，湖北大学硕士学位论文，2013 年。

各类保障房的相关数据可得性比较小，因此本书获得的资料主要为武汉市经济适用房 1994 ~ 2013 年建设项目数据，其中包括拟建项目数据。

根据各年的保障房分布数据可以发现，即使在保障房建设的初期（即 2001 ~ 2008 年）保障房的分布也主要位于二环和二环以外的地区，当然三环外的项目也非常少。

而到了 2008 ~ 2010 年，经济适用房选址更加偏远，二环以内没有一个经济适用房项目，所有的经济适用房全部位于三环和三环以外的区域。

2011 年武汉市出现的几个较大的保障性项目均处于二环线以外，远离市中心①。

到了 2012 年，随着保障力度的加大，武汉各区保障房的新开工量和发放廉租补贴量都在增加，武汉市保障房分布范围更加广泛，蔡甸区、汉南区、黄陂区和新洲区也开工了数量可观的保障房。2013 年以后武汉各区保障房空间分布情况图资料来源非常粗略、无法分析，同时因为无法获得精确的数据以得到确切的分布图。

二、武汉市保障房小区的居住空间分布特征

通过对武汉市历年保障性住房建设和分布情况的分析发现：虽然 2012 以来保障性住房供给方式有所调整，但是武汉市保障性住房的建设力度一直在不断加大。但是在保障性住房大规模推进的同时，也出现了不少问题：从总量来看，随着历年建设规模的增长，保障房社区的规模越来越大；从分布来看，保障房集中建设的趋势越来越明显，有的是一期二期甚至三期四期，有的是片区相邻，呈现出组团式、连片建设的特征②。

保障性住房的低利润性或不盈利性以及住房过滤和梯度消费③，决定了保障性住房必然会受到市场化商品房的驱逐，选址于远离城市中心的偏远区域，出现中低收入阶层集聚居住的情况。这对保障房社区居民的工作、交通、生活带

① 胡培：《保障房社区居民职住分离及福利损失研究》，中南财经政法大学博士学位论文，2015 年。

② 张祚、李江风、刘艳中、黄琳：《经济适用房空间分布对居住空间分异的影响——以武汉市为例》，载《城市问题》2008 年第 7 期。

③ 卫小强：《土地财政对保障性住房建设的影响及对策研究》，哈尔滨商业大学硕士学位论文，2011 年。

来了许多不便[①]，加剧了该部分群体居住空间分异和社会分化，也让许多学者思考被保障群体的福利是否真的增加还是有所弱化，或者更甚恶化。

第三节　武汉市保障性住房调研小区情况分析

由于武汉市历年建设的保障房项目数量众多，分布范围广泛。本书组在选择调研的小区时，基本根据武汉中心城区七个区每区选择一个的原则，再由课题组成员随机选择，最后共有如下九个小区：江汉区的 A 项目（一至二期）、江岸区的 B 项目、硚口区的 C 项目、武昌区的 D 项目、洪山区的 E 项目、青山区的 F 项目、汉阳的 G 项目、汉阳的 H 项目和洪山区的 I 项目。这些小区的大部分本书组前后调研过三次或者更多，下文是 2013 年春夏之交调研时每个调研小区的基本概况。

1. 江汉区 A 项目（一至二期）

A 项目位于江达路特 1 号，共 23 栋，有经济适用房和廉租房，小区的物业全部提供给自己居民。因为位于老城区，小区道路狭窄，但是交通方便。

江汉区 A 项目二期，2008 年建设，绿化和基础设施好，亭子有桌椅板凳和休闲的地方，也设有幼儿园。一方面，该小区繁华热闹，附近有很大的菜场，有很多麻木和电瓶车进出小区。另一方面，小区有私家车的居民明显比其他调研的经济适用房小区都要多，这说明要么在分配阶段，小区的房子分配给了收入比较高的人群；要么经济适用房在分配后被转售。不管如何，这都不是经济适用房的初衷。

2. 江岸区 B 项目

B 项目位于后湖大道安居路。项目集团将其北面建设用地面积 19.6 万平方米的地块划分出来，将建成面积四十多万平方米的经济适用房项目，足以为 5 400 多户低收入住房困难家庭提供住房，解决近 2 万人的居住问题[②]。B 项目

---

① 胡培：《保障房社区居民职住分离及福利损失研究》，中南财经政法大学博士学位论文，2015 年。
② 资料来源：B 项目经济适用房接待中心 2008 年 7 月正式对外接待，http：//www. wolai. com.

中经济适用房项目由11～18层建筑构成，面积50～90平方米，地理位置优越，绿化景观多样。同时，小区有很多服务性岗位提供给被保障家庭，他们的生活品质得到全面提升。

3. 硚口区C项目

C项目南区由武汉中鄂联房地产股份有限公司开发，位于硚口区长丰街古田二路以东、汉丹铁路以北，由1～16号楼组成，住宅建筑面积147 612.3平方米。总计1 920套住宅，有1 286套动迁安置房，634套廉租房。这个保障房小区在武汉甚至全国非常有名，原因却是因为该小区房屋裂缝、漏水问题非常严重。

C项目位于硚口区的西北端，地理位置偏远，就业环境差，工作状况差，失业的较多，女性失业尤其严重。小区有较多商铺，出租情况较好。绝大部分90%没换工作，宁愿失业，或者是找不到工作，只能失业。

4. 武昌区D项目

地处武昌区白沙洲武泰闸的D项目是一个很小的小区，小区只有两栋房子，属于就地还建房。该小区的地理位置较好，周边的就业环境较好，工作也比较好，失业人员很少。由于住址变化程度很小，所以居民的工作基本没有发生改变。

5. 洪山区E项目

E项目分为两期，2010年兴建的是第一期，总共16栋，二期刚刚建好，在调研时还没入住。一期正在搬迁中，主要用于邻村的还建，还有的还建家庭近的来自二七桥、杨园，远的来自青山区。

这个小区交通非常不方便，从小区走出来要走20分钟才有公交站点。因为很不方便，所以还有人力车。每一栋都有车棚，里面停着大量的自行车和电瓶车。有的人干脆开电瓶车或者马蹦来接送人，赚取部分生活费，甚至以此为生计。

调研时间是2013年，但是2010年的房子还有一部分人没有入住。小区设有一定的休闲设施，如露天的乒乓球台，一个篮球场，还有一个幼儿园。小区商铺数量众多，虽然已经开发销售了两年，但是大部分都没有租出，大门紧闭，开着的几家是小商品和理发店和小诊所。因为没有医院和诊所，小孩看病只能打车出小区，到最近的医院要20～30元的的士费。就出行而言，老人出行不方便，上班族有的要花两个小时去硚口区上班，很不方便。

6. 青山区F项目

F项目2011年兴建，旁边是2006年建设的经济适用房青山绿水和2007年棚户区改造项目青易居。该小区共有49栋，全部是经济适用房，就地还建或附近村民如桥头村、厂前村和白玉山村在此还建得比较多。49栋中，有17栋为18层的高层，其余均为6层的多层，二者只有物业费的差别，物业都是外包。

交通方面，小区只有一趟公交555，走到公交站点需要约10分钟。出行很不方便，而且自行车和电瓶车失窃的情况严重，小区的人缺乏出行工具，选择尽量少出去或者不出去。所以小区的棋牌室多。老年人和失业的人多，在此休闲打发时间。私车很少，没有商铺。社区自力更生，一楼的住户把住宅改成商店，经营副食冷鲜肉。

7. 汉阳区G项目

2009年建设的G项目位于鹦鹉大道。该小区分为ABC三个区，分别有8栋，9栋和12栋。A区的8栋户型有54平方米到120平方米不等；楼层有两种，分别为11层和18层。该小区地理位置好，交通较为方便，但是绿化较差，有简单的休闲座椅，花园和运动设施欠缺了一些。

8. 汉阳区H项目

2011年建设的H项目分为两期，第一期的为1～3栋，刚刚入住；二期为4～5栋，正在装修。这个小区地理位置很好，但没有绿化，花园和运动等基础设施还没开始建设。汉阳区是老工业区，这里有很多单位，附近是船厂和大桥局，基本上每个单位都有班车，所以上班出行没有影响。

9. 洪山区I项目

明泽I项目于2011年建成，分为5片，由25栋经济适用房和1栋公租房构成，25栋经济适用房为18层的高层建筑，全部是马湖村的还建房，每户至少还建3套。公租房为28层，有两个单元，每个单位一梯多（4～6）户，共有公租房341套。

这里的公租房主要有以下用途：解决洪山区环卫工人的无房问题，城管部门人员，以及供拆迁过渡，高校毕业生和在附近的服务业工作的人租住。公租房的面积为60～100平方米，有两室一厅和三室一厅两种房型。环卫工人单位给每个人每个月70元的补贴。

这个小区楼间间距小，绿化面积小，明显没有达标。物业公司里如保安和工程的职位部分内包。小区位置便利，商铺均出租营业，私家车进出多。附近武汉供销商业学校和马应龙药厂的职工租用公租房租住。1～2楼是一个名叫武汉南大门综合医院的小型医院。交通工具主要是步行，自行车和电瓶车居多。小区内有幼儿园，小学。

通过上述9个小区的基本情况分析，可以发现，武汉市保障房类型多样，既有作为中国人居环境范例社区，响应政府把“民生”提到首位的号召，以完善的生活配套、和谐的社区文化在对低收入群体加强住房保障体系建设做出了榜样，一直是武汉乃至全国地产界的典范的B项目，也有规模小到两栋的所谓简易性保障房小区。

总体来说，武汉市保障房呈现如下一些基本的规律和特征：（1）年代越新及最新建的小区，绿化、商业和其他公共服务设施配套越差，要么是没有建设，要么是建设了但是因为缺乏人气没有出租。（2）年代越新的小区，地理位置越偏远，入住率也偏低，显得萧条。因为好的地段基本已经开发、被占用完毕，一直暴涨的房价驱动保障房越来越往城市外环选址建设，有的被保障家庭忍受不了交通的极度不便，宁愿选择空置。（3）年代越新的小区，私车越少，豪车越少，表明经济适用房的分配越来越合理。（4）物业管理由开发商自己实施的小区，会将部分甚至全部的物业岗位提供给自己小区的居民，比物业外包的小区整体环境开发和建设要好，管理要好。（5）小区的居民普遍有职业惯性，没换工作的占绝大部分，原因是工作差的想换换不了；工作好的不愿意换，宁愿开车忍受较长一点的通勤时间；年龄越大的人，工作受区位的影响越大，越难找到工作。

第四节　武汉市保障性住房建设存在的问题

一、福利性与经济性难以兼顾

政府建设保障性住房的目的是保障中低收入群体的“有所住”，但是居住并非人类生活的唯一，所以保障性住房的福利性也不能仅以“有所居住”衡量。保障性住房对政府财政形成巨大的负担和压力，土地财政以及经济性的考虑驱使政府在保障性住房项目选址时选择偏远的地区，更倾向于将保障性住房大规模集中建设。这就导致保障房建设的现状是经济性与福利性难以兼顾。

我国保障房体系中限定被保障主体为中低收入阶层，即那些自己难以解决或消化住房问题的家庭。这部分群体普遍教育水平偏低、职业技能缺乏、择业选择狭窄，同时由于长期从事一种工作，对其就业成长和改善也非常不利。对这部分人来说，就业是他们生存的基本条件。如果没有收入和资金来源，他们无法保障基本的生活状态和基本的生活质量①。为了节省人力、财力和物力，也为了基础设施的配建更方便，政府将保障性住房大规模集中建设于较为偏僻的地区。该地区经济条件落后，商业不繁荣，交通设施缺乏，出行不便，结果是不仅社区内部可以消化的就业岗位十分缺乏，社区居民外出择业、就业通勤也是非常的不便②。中低收入者在社会中本就属于弱势群体，客观上他们不仅缺乏相应的教育，也缺乏丰富的社交网络，无法融入城市高收入群体进行交流，主观上在居住地点上也处于被动状态，低收入群体被动的聚集在城市偏远地区，与经济发达的城市中心分离，这只会使得社会问题越来越严重③。

政府在筹建保障性住房时，受限于政府财政的压力，也为了经济效益，在项目规模和选址规划上存有失误和偏颇，一定程度上削减了被保障对象的福利效应。但是从根本上来说，住房保障是政府对市场经济的一种调控，是解决在房地产市场处于弱势的群体住房问题的重要保障措施④。为实现总体的相对公平，需要在福利性与经济性之间找到一个相对的平衡点，保障性住房的选址应该是综合福利性与经济性的双重结果。

二、城市空间分异和居住就业空间失配

在城市拆迁、城中村改造、旧城改造等项目中，政府很少在城市中心地区为中低收入的家庭提供新的保障性住房，而是把大部分保障房项目大规模地规

①③ 罗念：《武汉市经济适用房空间布局研究》，华中科技大学硕士论文，2013 年。
②④ 胡培：《保障房社区居民职住分离及福利损失研究》，中南财经政法大学博士论文，2015 年。

划在偏远的城市边缘。在城市空间结构及其相应的社会结构上，保障性住房项目导致了两个问题：第一，弱势群体在居住地集聚，与高收入群体相互分离，重新整合的空间导致社会交流与融合障碍，其特有的生活水平和素质水平使得其难以与小区之外的外界交流；第二，由于项目位置偏远，结果是低收入群体与其适合的就业机会形成隔离，这部分群体想要就业，必须接受费时费钱的长距离通勤，有的甚至因此失业①。群体居住分异、相互隔离以及居住就业的空间失配，将导致贫富差距的进一步扩大，不仅难以实现共同进步，还会导致社会阶层的矛盾加剧，也加剧社会的不稳定和风险②。

近几年来，随着城镇化的发展，为使更多的低收入群体能够有所居，我国政府加大对保障房项目的关注度，建设规模不断扩大，同时保障性住房制度也不断发展和完善。但是房屋的建设具有不可逆性，前期规划建设时应该将经济学和适宜性同时考虑，以避免建成后却违背建设保障性住房的初衷。

三、公共设施配套不完善

公共设施配套不完善主要体现在三个方面：（1）建设资金缺乏。保障房建设一直面临严重的资金困难。就目前武汉市保障房的公共设施融资来看，资金缺口仍然很大。缺口的原因有二，一是地方政府没有或不愿拿出更多的钱来进行配套设施的建设；二是社会融资压力大、成本高、手段少，由于保障房定价限价的政策，收益不容乐观，社会资本力量缺乏参与的动力及激励机制③。就目前保障房社区的公共配套设施来看，完备建成的很少，加之地处偏远郊区，周围可以共享或共用的成熟住宅小区的公共设施也非常少④。（2）水电气路未完全开发。相比水电气路等公共基础设施具备并且完善的市中心来说，武汉偏远郊区社区的水电气路未全面覆盖，尚有待于进一步的开发。而水电气路配套设施的未完全开发，导致大中型商业入住该社区的意愿不够；同时受到保障房社区

---

①③　胡培：《保障房社区居民职住分离及福利损失研究》，中南财经政法大学博士学位论文，2015 年。

②　朱丽霞、张开彬等：《基于职住平衡视角的武汉市保障性住房空间布局研究》，载《城市》2014 年第 3 期。

④　诸德律、张建坤、王效容：《基于 GIS 与 MAS 的保障房居住空间分异影响评价指标和方法》，载《现代城市研究》2014 年第 5 期。

环境不成熟的影响，教育医疗等公共设施引进力度也随之欠缺[①]。以位于江岸谌家矶的 F 项目为例，该小区毗邻三环线，地址偏远，是武汉市规模较大的经济适用房小区之一，但是销售情况却不佳，主要归咎于水电气路基础设施的不完善以及公共配套设施的不健全。2013 年笔者走访 F 项目时的情景，附近在建项目造成空中尘土飞扬，环境卫生较差，休闲娱乐设施几乎没有。（3）被保障群体收入水平限制。保障房政策限定保障房社区的入住对象多是中低收入人群。居民的收入水平很大程度上限制了该区域的消费能力，类似的收入群体在一起会形成特有的生活方式与价值观，导致大型的商业圈缺乏在该区域推广的动力[②]。同时，保障房社区的居民入住规模和消费能力有限，未能达到邮局、银行、学校、医院等机构设置相应服务设施的“最低入住门槛”。受到这些因素的综合影响，保障房社区的公共配套设施满足不了居民的正常服务需求[③]。

四、环境恶化

由于多方面的原因，保障房社区的环境健康指数较低。人类生态学理论认为，人是自然界的人，人必须依赖于环境。随着社会的快速发展，人民生活的水平快速提高，人们对住宅的要求也不再是满足简单的住宿功能，对社区及周边的自然环境是否有利于身心健康也很重视。部分保障房社区绿化不足，有的社区周边工厂排放的污染物导致社区及周边环境质量差[④]。这些因素会对居民的身心健康产生一定的影响，增加居民的医疗费用[⑤]。

值得注意的是，保障房社区居民居住—就业空间失配（职住空间分离）对居民产生了诸多影响，这些影响也会反作用于居住空间分离。就业方面的阻碍、生活成本的增加以及居住环境质量差等不利影响会加大保障房社区居民与市区居民的生活质量差距。由于财富差距是造成居住空间分离的最根本原因，而收入是财富的最主要来源，所以收入差距的扩大会导致居住空间分异进一步严重

---

①④　胡培：《保障房社区居民职住分离及福利损失研究》，中南财经政法大学博士学位论文，2015 年。

②③⑤　诸德律、张建坤、王效容：《基于 GIS 与 MAS 的保障房居住空间分异影响评价指标和方法》，载《现代城市研究》2014 年第 5 期。

或恶化，从而形成恶性循环①。

第五节　本章小结

本章按照从数量到结构、从宏观到微观、从面到点、从总体到个体的整体顺序首先阐述保障房建设的发展历程，其次总体描述武汉市历年保障房的空间分布，然后对调研的部分小区进行小区层面和家庭成员层面的特征表述，最后形成对武汉市保障房建设和保障房小区的总体特征的一个整体性概括，发现武汉保障房建设存在的基本问题为福利性与经济性难以兼顾、城市空间分异和空间失配日益严重、公共设施配套不完善及环境恶化。

根据上述保障房建设的情况分析，我们可以看出，2010 年的前后几年，武汉市政府对经济适用房的建设开发强度过大，这种大规模的项目开发模式与业界所倡导的混合居住模式相悖，并且，经济相对较为发达的行政区保障性住房开发较多，而经济欠发达的行政区域内开发项目较少，供需明显有失平衡。目前来说，根据相关保障政策，自 2014 年下半年起，武汉市开始实行三种保障房的并轨，也就是说，从此以后武汉市不再建设经济适用房，而开启了以公租房为主的新时代。武汉市政府在跟从国家政策的同时，也需要结合本市城市发展的实际情况，以做出更加科学、合理的城市规划，尽量避免保障性住房的大规模集中建设。

① 诸德律、张建坤、王效容：《基于 GIS 与 MAS 的保障房居住空间分异影响评价指标和方法》，载《现代城市研究》2014 年第 5 期。

第四章
保障房建设的空间分异效应检验与形成机制研究

城市社会空间长期以来一直是研究城市的学者所感兴趣的重要主题，它是城市研究中最老式也是最基本的线路之一，但也是近年来复兴的研究。这个复兴的起源在一定程度上是由于高度先进的计算技术的发展，这些高度先进的计算技术目前正应用于大规模的、复杂而有争议的数据集分析中，然而，复兴也是由于非洲、亚洲和拉丁美洲的城市对全球城市体系而言日趋重要，西方地理学家逐渐接受了多样化城市形态。就中国而言，中国城市正进一步向具有较高程度的经济空间隔离的西方模式迈进。

本部分拟应用居住分异理论，对各种度量指标如隔离指数、空间基尼系数、泰尔指数、区位商以及局部莫兰指数进行理论探讨，通过搜集、整理和挖掘有代表性的武汉城市街道层面的保障房社区居住人数总量、结构等指标相关的数据，综合运用这些指标对武汉市保障房社区居住空间分异的程度进行全面的统计描述，实证检验城市社会空间分异的程度，深入分析其形成机制。

第一节　城市社会空间分异的测度指标分析

一、隔离指标的阶段划分

石恩名（2015）按照隔离指标的发展，根据不同历史时期空间分异测度研究所关注的视角不同，将社会空间分异测度研究分为早期萌芽阶段、多维度群体评估阶段、空间转向阶段、多模型多视角阶段等 4 个阶段。

虽然 4 个阶段的社会分异测度指标繁多，但是每个阶段的主要指标特点十分明显，石恩名（2015）介绍了社会空间分异测度指标在各阶段的演变特点和主要测度指标，如表 4－1 所示。

表 4 -1　　各阶段的社会分异测度指标及其特点

阶段	指标	特点
早期萌芽阶段	差异性指数、信息理论指数、锡尔系数、接触性指数 P^*、基尼指数、阿特金森指数	简单、易计算
多维度群体评估阶段	η^2 指数、δ 指数、相对集中指数、绝对聚集指数、空间接近指数、距离衰减隔离指数	多维度、多指标、多群体
空间转向阶段	相对中心指数、绝对中心指数	对前期指数进行空间和边界修正
多模型多视角阶段	D（adj.）指数、D（w）指数、基于椭圆计算测度	引入空间权重矩阵和 GIS 工具

石恩名（2015）进一步对其中 26 个主要指数进行比较和分类，阐述各指数的适用范围和优缺点，见表 4 -2。

表 4 -2　　各种社会分异测度指标的维度分类

名称	提出人	空间均匀性或接触性特点	是否具有空间性	测度尺度（总体测度/局域测度）	模型对象数目
基尼系数	Gini，1921	均匀性	非空间性	总体（G）	双变量
P^* 指数	Bell，1954	接触性	空间性	总体（G）	双变量
差异性指数	Duncan，1955	均匀性	非空间性	总体（G）	双变量
阿特金森指数	Atkinson，1970	均匀性	非空间性	总体（G）	双变量
锡尔系数	Theil，1972	均匀性	非空间性	总体（G）/局域（L）	多变量
D（m）指数	Morgan，1975	均匀性	非空间性	总体（G）	多变量
DBI 指数	Jakubs，1981	均匀性	空间性	总体（G）	双变量
MDBI 指数	Morgan，1983a	均匀性	空间性	总体（G）	双变量
SD	Morgan，1983a	均匀性	空间性	总体（G）	双变量
DPxx 指数	Morgan，1983a	均匀性	空间性	总体（G）	双变量
IC_2 指数	Morgan，1983b	接触性	空间性	总体（G）	双变量
SP 指数	White，1983	接触性	空间性	总体（G）	双变量
ACO 指数	Massey，1988	均匀性	空间性	总体（G）	双变量

续表

名称	提出人	空间均匀性或接触性特点	是否具有空间性	测度尺度（总体测度/局域测度）	模型对象数目
D（adj.）指数	Morrill，1991	均匀性	空间性	总体（G）	双变量
D（w）指数	Wong，1993	均匀性	空间性	总体（G）	双变量
D（s）指数	Wong，1993	均匀性	空间性	总体（G）	双变量
SD（m）指数	Wong，1998	均匀性	空间性	总体（G）	多变量
G（m）多群体基尼系数	Reardon，1998	均匀性	非空间性	总体（G）	多变量
S 指数	Wong，1999	均匀性	空间性	总体（G）	多变量
SP（m）指数	Grannis，2002	接触性	空间性	总体（G）	多变量
SH_i 指数	Wong，2002	均匀性	空间性	局域（L）	双变量
Moran'I 指数	Dawkins，2004	均匀性	空间性	总体（G）/局域（L）	双变量
S_i 指数	Wong，2004	接触性	空间性	局域（L）	多变量
$P^{\sim}$ * 指数	Reardon，2004	接触性	空间性	局域（L）	双变量
$D^{\sim}$ * 指数	Reardon，2004	均匀性	空间性	局域（L）	双变量
SBD 指数	O'Sullivan，2007			局域（L）	多变量

二、四种空间隔离指标的具体分析

由上可见，在产业经济学和区域经济学的文献中，已经创建了一系列测量产业地理集中度的指标，如赫芬代尔系数、赫希曼—赫芬代尔系数、信息熵系数、胡弗系数、锡尔系数和基尼系数等①。由其含义可知，这些指数可跨学科地用来测度人口或者住房的地理集中程度。但是这些指标都有一个缺点，就是没有明确的划分标准。为了弥补这一缺点，实证中用来衡量人口集中度或空间分异的指标目前主要分为两类：第一类为全局分析指数，如隔离指数和修正隔离指数；第二类为局部分析指数，如区位商和局部莫兰指数。下面就这四个指标在保障房社区人口集中度衡量方面的适用性进行评述。

① 黄斌：《北京文化创意产业空间演化研究》，北京大学博士学位论文，2012 年。

（一）全局分析指数

隔离指数（dissimilarity index）是最常用来测度不同群体人口分布现象的一种全局分析指数。该指数的计算公式如下：

$$D = \frac{1}{2}E_i\left|\left(\frac{m_i}{M}\right) - \left(\frac{n_i}{N}\right)\right| \tag{4.1}$$

在公式（4.1）中，假设研究区域中只存在两个群体 m 和 n，在本书中 m 即代表入住保障性住房的群体人数，n 为未入住保障性住房的所有群体人数，m_i 和 n_i 分别表示子区域 i 中 m 和 n 两个群体的人数；M 和 N 分别表示整个区域内两个群体的总人数。D 指数体现了研究区域内这两个群体的居住隔离程度，它的取值范围在 0～1，当 D＝0 时，表示这两个群体在研究区域中均匀分布；当 D＝1 时，表示这两个群体在研究区域内完全隔离①。该指标的具体含义是指在研究区域内，为了使各子区域单元中入住保障性住房的群体比例与整个区域中该群体的比例相同，至少有多少比例的人口需要在各个子区域单元之间进行迁移调整。

根据定义可见，隔离指数能够测度不同群体的整体分布状况，但它并不考虑各区域与其周边相邻区域间的群体分布关系。为了弥补这种缺陷，美国地理学者莫里斯在 1991 年提出了考虑周围关联情况的修正隔离指数 D（adj）②，该指数是度量单个群体空间的指标，其计算公式为：

$$D(adj) = D - (E_iE_j|c_{ij}(z_i - z_j)|/E_iE_jc_{ij}) \tag{4.2}$$

在公式（4.2）中，D 为公式（4.1）中的隔离指数，c_{ij} 为空间权重，即如果区域 i 与 j 相邻，那么其值为 1，否则为 0，而 z_i 表示区域 i 中 m 或 n 群体占区域 i 总人口的比例，z_j 同理③。

隔离指数及其修正指数披露了群体空间分布在均匀还是聚集、孤立还是临近层面的信息，但它仍不能系统地反映出具体的空间模式，即不能根据值的大小来确定特定的空间分布模式。即使能够根据 D（adj）的值分辨出一些空间模式（如单中心模式与多点分布模式），其反映的信息仍然是整体的，而非局部的（俞路、赵永全，2007）。所以，对城市不同群体人口分布的测度仅仅依赖全局

①②③　俞路、赵永全：《人口分布、隔离指数及其地理视角——以上海市外来人口分布为例》，载《市场与人口分析》2007 年第 3 期。

指数是不够的，还需要运用局部分析指数来进一步分析。

（二）局部分析指数

区位商（Location Quotient）是一种常见的用于测度各行业在某地区相对集中程度的指标，同时该指标也经常用来测度不同群体人口的集中分布程度，该指标的计算公式表述如下：

$$LQ_i = \left(\frac{m_i}{t_i}\right) \Big/ \left(\frac{M}{T}\right) \tag{4.3}$$

式（4.3）中，m_i 为区域 i 中 m 群体的人数，本书指入住保障性住房的群体人数，t_i 是区域 i 的总人数；M 和 T 分别是研究区域中的 m 群体人数和总人数。因此，如果少数群体在局部单元中的比重等于其在整个区域中的比例，那么 LQ = 1；如果该群体在局部单元中的比重大于其在整个区域中的比例，那么 LQ > 1；反之，LQ < 1①。对于该指标的解释通常根据数学上的定义取相应的阈值，即 LQ 的均值为 1（L），上下阈值（1.2 和 0.85）大约对应于均值左右一个标准差的上限（L + R）和下限（L – R）。由此，当 LQ 等于或大于 1.2 时，表示少数群体在该单元高度聚集；当 LQ 等于或小于 0.85 时，表示少数群体在该单元集中度很小。

度量聚集/孤立的局部莫兰指数（Local Moran's I），其计算公式如下所示：

$$I_i = (m_i - m^*) E_j w_{ij} (m_j - m^*) / (E_i (m_i - m^*)^2 / n) \tag{4.4}$$

式（4.4）中，m_i 为区域 i 中 m 群体人数，本书同样指入住保障性住房的群体人数（m_j 同理），m^* 为各区域单元 m 群体的平均人数，n 为区域单元的数量；w_{ij} 为空间权重矩阵，如果区域 i 和 j 相邻，那么 w_{ij} 为 1，否则为 0。通常将局部莫兰指数标准化，即用该统计量减去其理论期望值，再除以相应的标准差而得到标准化 Z 值，以便于进行显著性检验。在 95% 的置信度下，如果标准化 Z 值大于 1.96 或小于 –1.96，则表示其具有统计意义上的显著性。

当局部莫兰指数具有显著性时，其结果可分为四类：如果标准化 Z 值 > 1.96，且为高高关联，表明存在聚集现象；如果标准化 Z 值 < –1.96，且高低关联，表明该群体被孤立；如果标准化 Z 值 > 1.96，且为低低关联，表明区域内

① 俞路、赵永全：《人口分布、隔离指数及其地理视角——以上海市外来人口分布为例》，载《市场与人口分析》2007 年第 3 期。

另一群体存在聚集现象；如果标准化 Z 值 < -1.96，且低高关联，表明该群体人数较少且存在孤立现象。

区位商的计算只与单个区域有关，体现的是单个空间单元的集中程度。而局部莫兰指数不仅关注单个区域，并且关注与其相邻空间单元的关联情况，其反映的是区域之间的聚集程度。因此，局部莫兰指数是一种更精确的度量少数群体聚集分布的指标①。

第二节　武汉市空间分异测度的实证分析

武汉市的保障房建设起步于 1994 年，建设历程较长，但在 2005 年之前建设规模较小，自 2006 年起开始进行大规模的保障房建设。而根据国家的“十二五”发展规划，2011 年起全国包括武汉在内推起了跨越式递进的保障房建设浪潮。因此本书将保障房的建设历程划分为三个时间段，分别是 1994 ~ 2005 年，2006 ~ 2010 年和 2011 ~ 2015 年。本书对保障房分布的测度按照分环线和分街道分别进行，以期得到不同层面的分析结果。

武汉市的地域空间具有典型的“瓜分式”特点，中心城区的 7 个区基本上都是从城市中心一直延伸到外围郊区地域，而武汉市的各种环状交通线在作为最为重要交通设施的同时，也形成了明显的“环带结构”②。因此本书依据城市交通环线划定研究环带。同时，按照惯例，本书的范围只覆盖中心城区，即：武昌、洪山、青山、江岸、江汉、桥口、汉阳。同时，以 2000 年人口普查的街道乡镇为基础，进一步将城市划分成 95 个乡镇或街道③。

本章的数据来源如下：利用权威的 2000 年、2010 年人口普查 0.1% 按户抽样数调查数据以及武汉年鉴（湖北方志网）获得武汉市分街道的人口数据。从

① 俞路、赵永全：《人口分布、隔离指数及其地理视角——以上海市外来人口分布为例》，载《市场与人口分析》2007 年第 3 期。
② 冯健、吴静云、谢秀珍、黄珏：《从“人口空间”解读城市：武汉的实例》，载《城市发展研究》2011 年第 2 期。
③ 黄友琴、易成栋：《户口、迁移与居住分异——以武汉为例的实证研究》，载《城市发展研究》2009 年第 6 期。

武汉市房地产年鉴、武汉住房保障和房屋管理局以及湖北省住房保障信息网获得保障房的规模和地址等相关数据。

根据相关数据的统计显示，1994～2005年武汉市共计建成保障性住房约718万平方米，分布较为分散；而自2006年加大建设规模以来，截至2010年仅五年间保障房的建设规模就超过了610万方，其分布范围也迅速扩大；自2011开始全国范围的大规模保障房建设至今，武汉市建设的保障房的规模增长更加迅速，分布范围也继续扩大。下面分交通环线及街道两个层面定量地进行测度及分析。

一、武汉市保障房小区人口分布的分环线分析

（一）全局分析指数

运用全局分析指数来测度武汉市分环线单元的保障房社区的整体空间分布情况，测算结果见表4－3。

表4－3　　分环线全局分析指数测算结果

年份	1994～2005	2006～2010	2011～2015
隔离指数	0.21	0.36	0.38
修正隔离指数	0.16	0.29	0.31

由上表4－3可知，在每个阶段全局分析指数的测度中，修正隔离指数的值均小于隔离指数，这是因为修正隔离指数考虑了空间分布的特征。但是，不管是隔离指数还是修正隔离指数，它们所呈现的变化趋势是一致的，都是先急剧增长然后缓慢增长的态势。

具体来说，在武汉市保障房20多年的建设历程中，从1994年开始兴建保障房到2005年之间的这段时期，保障房社区的隔离指数为0.21，自2006年开始增大建设规模至2010年的第二阶段，隔离指数迅速增加到了0.36，表明此阶段保障房社区的空间分布虽然尚未达到居住隔离的程度，但已经呈现出一定的聚集度。而在2011～2015年的第三个阶段，隔离指数在继续增加，但是增长速度显

著放缓，仅为0.38。原因是在保障房新一轮的大规模建设过程中，武汉市政府逐渐意识到将保障房大规模集中建设在偏远的区域并不能实现增加被保障人群福利的初衷，反而可能会产生诸如社会隔离、居住分异等不利影响，因而对保障房布局进行了科学有效的调整，由此大大降低了隔离指数的增速，一定程度地分散了保障房的集中程度。

（二）局部分析指数

为了更加精确地分析武汉市保障房居住群体分布的局部变化过程及特点，采用局部分析指数对其进行测度，测算结果见表4－4。

表4－4　　分环线局部分析指数测算结果

指数	年份	一环以内	一环到二环	二环到三环	三环外
区位商	1994～2005	低	中度	中度	低
局部莫兰指数	2006～2010	低	低	高度	中度
	2011～2015	低	低	高度	高度
	1994～2005	低高关联	高高关联	高高关联	低高关联
	2006～2010	低低关联	低高关联	高高关联	高高关联
	2011～2015	低低关联	低高关联	高高关联	高高关联

由区位商的测算结果可以发现，在1994～2005年这一阶段，武汉市保障房已经开始具有一定的特点：一环内和三环外的项目都很少，一环到二线，二环到三环比例相当；一环到二环、二环到三环之间是保障房分布的主要区域；各环线体现集中度的区位商也呈现这样的分布。具体来说，在此阶段101个经济适用房项目中：一环内经济适用房项目的数量极少，如武昌区的安顺花园；同时三环以外的保障房项目也很少，如江岸区的将军花园。究其原因，主要在于武汉市的一环所包含的区域面积非常狭小，仅为核心区域（此核心区域仅为武汉市的老城区，而非武汉市的市域中心，由于武汉市分区发展的特征，每个行政区都有自己的区域中心）；同时在2005年之前的第一阶段，武汉三环以外的区域还基本处于未开发状态。在2006～2010年这一阶段，随着武汉城市发展速度的迅速加快，城市规模不断地向边缘扩张，保障房开始在三环线的内外侧大量

地建设。而一环以内和一环到二环的区域由于城市化的推进，地价和房价均大幅度增值，在此区域建设的保障房数量快速收缩。2011 年以后，武汉市政府相关部门在保障房项目规划选址上，对其分布采取了一定的分散化策略，使得保障房分布呈现出自郊区向中心回归的趋势。在此期间，一环内布局了极少数保障性住房项目，如 2014 年建成的东沙公寓。同时随着整体建设力度的加大，在一环到二环之间的保障房建设规模略微增加，而三环以外的分布比例也有明显的增加，表现为三环内外的区位商相比第二阶段在继续增加。总体来说，武汉市保障房的建设区位虽有一定程度的回归，但仍保持着逐渐向外扩展的趋势。

从局部莫兰指数的分布看来，高高关联类型的区域在 1994 ~ 2005 年这一阶段出现在一环到二环之间和二环到三环之间，在后面两个阶段出现在二环到三环之间和三环之外，但 Z 值始终只是≥0 而并未表现出显著，说明仅就环线划分而言，在相应时期这些区域的保障房分布可能存在相对集中的特征，并形成一定的保障房聚集地带。另外，属于低高关联类型的区域在 1994 ~ 2005 年这一阶段分布在一环以内和三环之外，在后面两个阶段分布在一环到二环之间，但同样 Z 值始终只是≤0 而并未表现出显著，这说明保障房布局在相应时期相应区域中可能存在一定的空间孤立现象。局部莫兰指数的分析结果，基本可以体现武汉市保障房建设在整体布局上的一些特征，即 1994 ~ 2005 年这一阶段一环到三环之间的区域内建设规模相对较大，在 2006 ~ 2010 年和 2011 ~ 2015 年这两个阶段，在二环到三环之间建设规模迅速增长，形成了一定的集中地带；而三环以外区域虽具有一定的规模和集中度，但与周边区域的保障房群体间的联系较为疏远，出现了类似“孤岛”的现象。值得说明的是，Z 值始终不显著，原因主要是以环线来分析保障房的分布时，区域范围过大，但以此来分析武汉总体的分布状况仍是合理的。

总体来说，武汉市保障房的区位布局可分为两大类：近郊型和城区型。近郊型的保障性住房一般分布在城市的边缘地带。这种边缘化的分布往往存在交通出行不方便、配套设施不齐全、就业机会少等诸多问题。但也有部分近郊型保障性住房，依托附近的工业区为居民提供就业，如 2013 年底竣工的位于青山老工业区工人村四村的青康居。这类小区虽靠近城郊，但土地资源丰富、价格相便宜。同时，小区基础设施比较健全，医疗机构、教育机构、工业场所和商业场所等功能模块聚集而形成一个体系，能为入住的中低收入群体提供全面的社会服务，有力提高保障性住房的保障效果①。城区型的保障性住房分布在城市内部，如位于武昌区中北路地段的楚汉新居和东沙公寓，这两个社区距离地铁站步行均仅需几分钟，交通十分便捷②。此类型的小区不仅交通便利，而且基础设施齐全，能有效帮助解决中低收入群体的就业，全面提高保障性住房入住群体的相关福利。

由于受到各客观方面条件的制约，保障房多位于城市的边缘地带，这种选择带有一定的必然性。但是在选址偏远的情况下，如何利用此时土地成本较低的优势，建设布局相应的交通设施方便群众出行，并依托或主动规划建设一定规模的工业区，帮助被保障群体就业，这将是一种因势利导的城市规划和管理策略。

二、武汉市保障房小区人口分布的分街道分析

（一）全局分析指数

根据武汉市保障房小区分街道的人口分布数据测算的全局分析指数结果见表4-5。

表4-5　　分街道全局分析指数测算结果

年份	1994~2000	2006~2010	2011~2015
隔离指数	0.20	0.32	0.34
修正隔离指数	0.15	0.25	0.27

一方面，由上表结合前文分析可知，从隔离指数和修正隔离指数的计算值来看，采用分街道的人口数据计算得出的数值，均比采用环线数据的测算结果要小，这是因为采用街道的人口数据计算隔离系数和修正隔离指数，其数据更精细、微观地考虑了人口的空间分布特征。

① 何婧：《系统制图在城市规划管理中的应用与成效》，载《中国科技信息》2014年第Z1期。
② 何婧：《武汉市保障性住房选址评价研究》，华中师范大学硕士学位论文，2014年。

另一方面，虽然采用分街道人口数据计算得出的隔离系数和采用分环线数据得到的结果有一定的差别，但是其变化的趋势明显是一致的。以 2010 年为分界点，它们所呈现的都是先快速增长然后缓慢增长的态势，这也说明了武汉市保障性住房的建设经历了由快速集中到小幅度分散的过程。

（二）局部分析指数

将上述武汉市保障房建设各时间段的区位商通过 GIS 软件直观显示，由三个时间段区位商的值及其变化趋势可以清晰地看出，在 2005 年之前，白色的保障房区域分布稀少，表面此期间保障房的集中程度最弱，灰色区主要分布在江岸的二七街附近，硚口的古田街和长丰街，这说明在此期间保障房的分布比较分散；但是在 2005 年之后，保障房的分布明显集中，主要表现为：江岸区主要集中在新村街、百步亭花园和后湖街，硚口区集中在长丰街和易家墩，汉阳集中在永丰街，武昌集中在白沙街，青山区集中在红钢城和工人村，洪山区集中在张家湾与和平街。2010 年之后依然集中分布在这些地区，但位置更加偏远，如江岸区主要往丹水池街，甚至谌家矶街和新村街集中；青山区往天兴乡和厂前街集中；洪山区往青菱街集中。

（1）武汉市的保障房分布逐渐呈现出明显的郊区化趋势。在 2005 年之前，如江岸区的保障房既有位于区域中心的香港路小区等三个项目，也有偏远区域如后湖的百步亭小区，还有中间地段的如迎宾大道的生态花园；汉阳的保障房项目主要分布在汉阳大道沿线，如：芳草园、雅丽花园、七里庙和碧溪苑小区，或二环线外位置稍偏一点的丽水花园。洪山区的保障房项目则主要分布在雄楚大道沿线，如 2002 年左右的关西小区、桂子花园和常青藤名苑等项目。武昌区既有位于内环的安顺花园，也有二环边缘的武泰闸小区。青山区保障房如 122 小区、金鹤园、现代梅竹园、现代花园和碧苑小区基本从西而东、由内而外分布在友谊大道南北侧。整体来说，这期间的保障房大部分分布在三环以内，且在各个圈层内均有建设，分布较为分散。

自 2006 年起，武汉市保障房建设规模迅速加大，同时保障房选址也开始向偏远地区集中。如在江岸区，随着建设大道金融圈的发展，香港路附近土地迅速升值，其间的保障房项目也迅速向外组团式发展，主要集聚在二七路附近，2011 年之后则向更郊区化的后湖甚至丹水湖发展。在武昌区，保障房的建设逐渐向南北两端集聚：北端包括和平大道两侧的杨园路、铁机路和徐东村等区域，如位于东湖村的安胜花园、位于铁机路的丽华苑小区、锦绣家园和佳馨花园；南端是白沙洲组团，如汇丰花园、佳韵小区和伟业佳苑。在洪山区，随着区域配套的渐趋成熟，雄楚大道沿线土地升值，洪山区的保障房项目在空间上与武昌区开始趋于一致，南端向白沙洲地区发展并集聚，如2007年开发的南湖新村和青菱城市花园等，2011年开发的东方雅园、港东名居等都分布在白沙洲大道旁的张家湾和青菱乡地区。

（2）保障房项目呈现出集中化和规模化的趋势。以硚口区为例，硚口区是武汉的老城区之一，聚积着大量低收入群体，因此一直是保障房建设力度最大的地区之一，其保障房分布特点有二：首先是空间分布非常集中，绝大部分分布在长丰乡的长丰大道两侧，包括古田南区和古田北区；其次是项目规模庞大，如天顺园的十期保障房中面向社会销售的就高达17.7万平方米，汉口城市广场更是武汉市规模最大的保障房项目，四期总建筑面积达40万平方米。而江汉区的保障房项目虽然数量一直相对较少，但其选址主要位于发展大道北侧的姑嫂树村和江达路，同样呈现出集中发展的态势。同时，2006年以后新建的保障房小区规模越来越大，如红旗公寓总建筑面积7万平方米，香堤美景一期5.8万平方米，二期9.1万平方米。由此可见，保障房在空间区位上集聚的同时，在建设规模上也逐渐积聚。

总体来说，武汉市的保障房分布呈现明显的趋势性：选址越来越偏远，规模越来越庞大，分布越来越集中。

区位商反映的是单个空间单元的集中程度，而局部莫兰指数则能够体现与周围单元的关联状况，反映各空间单元间的聚集情况。图4－2展示了各时间段的局部莫兰指数，直观地反映了保障房建设的组团趋势。在2005年之前，局部莫兰指数中出现Z值≥0并且属于高高关联类型的区域有五个片区，但是Z值并不显著，说明此期间只是有一定的组团趋势：即可能有江岸区的二七组团、江汉区江达路组团、硚口区牛奶场组团和武昌区杨园组团。2005年之后Z值≥1.96，明显显著，并且属于高高关联类型的区域发展成七个片区，即江岸区的二七组团和后湖组团、硚口区长丰乡组团、武昌区余家头组团和白沙洲组团、青山区的红钢城组团和工人村组团，洪山区青菱乡组团与和平街组团。2011年以后Z值显著，并且属于高高关联类型的区域仍然主要在这些地区，但选址更加偏远，如江岸区形成丹水池街甚至谌家矶街组团，青山区往三环外天兴乡组团，洪山区和武昌区往白沙洲组团继续外扩。

总体来说，根据对武汉市保障房分环线、分街道的分布特点做逐步微观化分析，我们发现采用不同层级数据得到的结果所呈现的变化趋势和总体结论是一致的，但是随着更微观的数据分析，隔离指数和局部隔离指数的差异逐渐缩小，说明采用街道级别的数据可以更精确地测度隔离程度；另外根据实证数据得出，武汉市保障房的空间分布呈现以下三个特征：边缘化、规模化和集中化。

第三节　武汉市保障房建设空间分异的形成机制分析

通过以上各个阶段保障房空间分异指标的测度和对比，以及从分环线和分街道两个视角的详细分析，可以发现武汉保障房建设空间分异的形成机制主要有以下几点：

一、由于保障房的非营利性质，政府有充分的动力将其边缘化

土地的区位条件不同产生了土地级差，导致不同地段的土地价值及价格差异极大。位于中心城区的土地价格常远高于偏僻地区的土地价格。保障性住房是价格相对低廉的福利性住房，其土地由政府行政划拨的方式提供。由于土地财政的驱动，政府主动开发利用区位好的土地以赚取大量的土地收益，留给保障性住房建设就只有区位偏远的土地。如洪山区在 2007 年开发的南湖新村和青菱城市花园等，2011 年开发的东方雅园，港东名居都分布在白沙洲大道旁的张家湾和青菱乡，主要就是因为白沙洲组团地处偏远，土地价格较低，获取相对容易。

二、城市规划的定向引导导致保障房区位偏远

城市规划是政府为了使城市在一定时间段内健康可持续发展而制定的目标和计划，是政府控制土地使用权的手段之一。每个阶段的城市规划都会在相当程度上引导居住空间分异的变迁，武汉市保障房小区空间分异与城市规划以及分区发展规划息息相关。以老工业区青山区为例，早期由于大量环境糟糕、居住条件恶劣的住房急需整改，所以 2005 年之前的保障房主要集聚在东方红村、大洲村等城中村。随着《青山区“十一五”经济社会发展空间布局规划》的提出，青山区逐步落实将工人村路—冶金大道—王青路以西调整为以居住及公建为主的用地发展思路，发展滨江居住区，保障房迅速向偏远的地区转移。2007 ~ 2008 年所建设的保障房项目七星天兴花园、临江港湾均分布在三环线外临港大道和建设十一路等地区，目的就是按照青山区规划，在土地成本较低的地区建设保障房，令其先行，逐渐带动该区域的发展。

三、城中村改造与保障房建设联动开发，保障房分布进一步集中

作为中部特大城市，武汉市城中村的数量和规模居全国之最，因此有“中国最大县城”的称号。虽然近年来城中村商业发展迅速，但是仍然聚集了众多中低收入家庭，加上缺乏规划、管理不严，导致出现了住房建设混乱、基础设施短期、居住条件极差等现象。与此同时，由城中村引发的环境、治安、社会保障等问题，使得城中村改造成为城市发展中的重要难题。面临这种困境，政府自然会首选这些亟须缓解住房压力的城中村，结合旧城改造进行保障房建设和开发，同时，房地产开发商也将参与城中村改造来获取优质的土地储备作为其独特的一种发展模式。例如武昌区 2004 年徐东村和 2005 年相邻的余家头村的改造带来经济适用房项目余家头小区连续三期的建设；2012 年，地处洪山区白沙洲大道中段的光霞村作为武汉市三环内最后的也是武汉市迄今为止面积最大的“城中村”改造项目，土地资源多达 3 000 亩，由此带动了周边青菱乡、烽火

村及红旗村等多个经济适用房项目的建设。

第四节　结论和防治空间分异的对策

应用居住分异理论，通过搜集、整理和挖掘武汉市街道层面的保障房社区居住人数总量、结构等指标相关的数据，综合运用这些指标对该市保障房社区居住空间分异的程度进行全面的统计描述，实证检验城市社会空间分异的程度。总体来说，根据武汉市保障房分布的分环线、分街道的分级分析，本书得到以下结论：

（1）采用不同层级的数据得到的总体结论是一致的，武汉市保障房的建设导致了社会空间一定程度的分异，且空间分异的程度都表现为急剧增加后缓慢增加的态势。但是随着数据的逐渐细化，隔离指数和局部隔离指数的计算值以及差异性都越来越小，同时，从街道层级的数据而言莫兰指数聚集和孤立明显比环线数据测度的结果更为显著，这都说明采用街道级别的微观数据可以更精确的测度出隔离程度。

（2）武汉市保障房的空间分布呈现以下三个特征：边缘化、规模化和集中化。

（3）保障房大规模集中分布在偏远地区的现象，某种程度上是政府规划的结果，政府通过在这些区域大规模建设保障房以带动该区域的城市化发展，引导城市的发展方向。

本书从三个方面深入地分析了保障房空间分异的形成机制。首先，保障房的非营利性质导致政府有充分的动力将其边缘化；其次，城市规划的定向引导使得保障房区位偏远；最后，由于城中村的改造和保障房的建设与开发区位密切相关，使得保障房分布进一步集中。

基于以上的动因分析，按照保障房规划建设分配的程序，提出以下的改进措施建议：

（1）在初期规划阶段，充分调查低收入家庭的分布和需求，根据每个区域的低收入家庭数量适量的供给保障房，尽量保证各区域的保障供需基本平衡，以免造成不必要的浪费。同时需要指出的是，老城区低收入群体平均年龄偏大，适应能力差，更换工作的可能性较低，政府应当充分考虑就地还建，在保证其就业稳定的基础上，逐步提高低收入群体的收入水平和生活质量。

（2）采用因势利导的城市规划和管理策略。保障房选址于城市的边缘地带，是由于受到多方面条件制约的一种相应选择。但是，如果能利用偏远位置土地成本较低的优势，匹配相应的交通设施方便群众出行，并依托或主动规划建设一定规模的工业区，这将有利于帮助被保障人群就业，并且由此提升保障房住区的整体舒适程度，提高被保障低收入家庭的整体福利水平。

（3）大力推广配建和混合居住模式。配建和混合居住的模式不仅能够在不增加政府困难的前提下较快地大量增加保障房的数量，改善保障房分布的均匀性，减缓保障房建设导致的空间分异，同时也可以通过高收入家庭提供的保洁、家政服务等工作岗位，增加低收入群体的就业机会，而就近工作能够大幅提高服务工作者的效率，形成互帮互助的互动关系。

（4）在分配阶段允许跨地区排队点房，让有保障房需求的家庭一次性选择适合自己居住的房屋，避免二次空间选择的麻烦。针对有特殊需求的低收入家庭，比如工作调动等情况，制定相应的法律法规允许有限次数的换房，包括一对一、多对多的换房，并在税费上给予相应的减免。

第五节　本章小结

本章应用居住分异理论，通过搜集和挖掘武汉市分环线和分街道层面的保障房社区居住人数的相关数据，综合运用全局分析指数和局部分析指数两类指标对武汉市保障房社区居住空间分异的程度进行全面的实证检验，得到以下结论：武汉市保障房的建设导致了社会空间一定程度的分异，采用不同层级的数据，测度结果的显著性略有不同，但且空间分异的程度均呈现出先快速然后缓慢增长的一致趋势；同时，街道级别的微观数据能更加准确地测度隔离程度；

武汉市保障房的空间分布表现出边缘化、规模化和集中化的整体特点。现行的保障性住房集中建设模式加剧了社会各阶层的居住空间分异，要及时完善相应的住房供应制度，以预防可能造成的居住隔离、社会极化和公共空间漠视等严重的社会问题。就形成机制而言，主要源于保障房的非营利性、城市规划的定向引导以及城中村改造与保障房建设的联动开发。由此，应从不同阶段和建设模式出发提出改善保障房建设空间分异的对策建议。

第五章
保障房建设的居住—就业空间失配检验、形成机制和福利损失研究

居住和工作是城市的两大主要功能，也是居民生活中最重要的两大要素①。微观上的居民主体每日在空间上的活动主要都是围绕居住和工作而进行。近年来随着中国城市土地与住房的市场化以及不断加快的城市化和郊区化，城市居民的居住与就业空间关系也发生了明显的变化，居住—就业的空间失配（labor-housing spatial mismatch）日渐成为城市社会空间研究的热点话题。在就业市场处于劣势的中低收入家庭，其职住问题对其工作、生活的影响将会更加深刻，对这部分弱势群体开展职住失衡研究将会是一个独特的视角②。

本部分拟应用空间失配理论，从居住—就业区位选择行为角度出发，对有代表性的武汉市保障房社区进行按比例的抽样调查，获得包括居民个人和家庭属性、入住保障房前后居住与就业的选择与变迁和工作出行方式、通勤时间等数据，用以实证研究保障房社区不同类别亚群体的空间失配存在性的差异和形成机制，并通过被保障对象入住前后的收入变化与通勤时间变化相结合的综合方法来测算存在空间失配的被保障对象因为居住—就业空间失配而产生的福利损失③。

第一节　中美空间失配形成机制的对比分析④

一、引言

在20世纪60年代，美国几个主要城市如洛杉矶、芝加哥和纽瓦克市的黑人社区相继发生暴乱。科纳委员会强调导致“分裂”的缘由是内城黑人遭遇了高失业和差劲的公共服务。凯恩（1968）进一步指出，造成黑人这种不利的劳动

①③　李梦玄、周义、胡培：《保障房社区居民居住—就业空间失配福利损失研究》，载《城市发展研究》2013年第10期。

②　胡培：《保障房社区居民职住分离及福利损失研究》，中南财经政法大学博士学位论文，2015年。

④　李梦玄、周义：《中美城市化空间失配形成机制对比分析》，载《金融教学与研究》2015年第4期。

力市场结果的一个主要缘由是居住在内城的贫民（多数是黑人）和郊区分布的低技能就业之间的空间隔离，由此提出了空间失配理论（Spatial Mismatch Hypothesis，SMH）①。

依凯恩的观点，大量的实证研究尝试检验居住就业的空间隔离与少数族裔的劳动力市场结果之间的因果关系，通常的方法是把就业或者收入与居住地和就业地之间的距离指数联系。尽管大多数文献开始只关注黑人劳动力，但是目前的分析扩展到美国其他少数族裔群体，尤其是西班牙裔人。虽然他们比黑人居住更加郊区化，但他们同样也面临严重的就业隔离。SMH 还发现留在内城受到长通勤距离影响的少数族裔主要是低技能劳动力。由于这种鲜明的特点，一些学者认为用空间或技能失配来描述住在内城的少数族裔与郊区低技能就业机会之间的隔离更合适。

学者们关于空间失配和种族就业不平等关系的分歧和争论一直不断，原因是美国的城市空间结构在持续改变，更因为 SMH 的理论研究远落后于实证研究。事实上，直到 20 世纪 90 年代后期才开始出现 SMH 理论模型。鉴于辨析职住距离对少数族裔的不同影响途径，并且区分何种机制占优是设计出各种目标明确和有效的政策和策略的前提，目前空间失配研究的总体目标变成了通过对最近的理论研究并和相关的实证研究进行比较，由此把空间失配尤其是其形成机制辨析得更清楚和明白。中国的城市化背景和表现和美国相比差异甚大，所以本书拟全面回顾中美关于空间失配的重要文献，并试图对中美空间失配研究及其形成机制的异同进行深入剖析。

二、中美空间失配研究的城市化背景及其表现

在 20 世纪后半段，美国都市区最显著的特征变化是居住和就业大量且持续的郊区化现象出现。交通创新使得市内交通成本下降，越来越多的富人和中产阶级搬到郊区以消费更宽敞的住房，以至于在十大统计都市区（MSAs）中内城居民的比重从 1970 年的 53% 下降到 2000 年的 42%。在此期间企业选址的影响

① Kain. Housing Segregation, Negro Employment, and Metropolitan Decentralization [J]. *Quarterly Journal of Economics*, 1968 (82): 175 - 197.

因素也在发生改变。增长的土地价格和拥堵促使新的公司选址到郊区。一些原在中心商业区彼此靠近的公司，由于对本地劳动力和市场份额的竞争日益加剧，也选择搬向边缘的位置。

人口和企业的郊区化，持续吸引劳动力到美国城市边缘区就业。十大统计都市区在1980与1990年之间郊区就业平均每年增加3%，而内城只增加0.8%；在1990~2000年之间郊区就业平均每年增加1.4%，而内城有轻微0.1%的下降。计算结果显示，十大统计都市区的内城就业比重从1950年的70%下降到1980年的57%，再下降到2000年的47%。

必须注意的是，郊区化程度随着工作类型有所不同。据SMH，低技能工作在郊区增加而内城下降，原因是雇佣低技能工人的公司尤其是制造业通常占用更多的土地，迫于内城的土地昂贵通常会选址于郊区。与该理论相符，在1980到2000年几乎所有的十大统计都市区手工业职位在内城持续下降（1980~1990年的1.7%和1990~2000年的1.6%）而在郊区持续增加（1980~1990年的1.2%的和1990~2000年的0.3%）。集聚低技能和高技能职位群的服务业在内城是增长的（1980~1990年的2.4%和1990~2000年的0.7%），但在郊区增长的更多（1980~1990年的4.1%和1990~2000年的2.6%）。

2012年国家统计局报告显示，从2002~2011年，中国城镇化率以平均每年1.35个百分点的速度迅速发展，城镇人口平均每年增长2 096万人，2011年城镇化率达51.27%。但是和美国相比，两国的城市化具有显著的差异：

美国的城市化早在20世纪初就体现为郊区化，富裕的中产阶级不断从内城向外迁移，其动机主要是为了逃离城市问题以追求更好的居住环境，迁移的行为是主动的。政府的分区规划政策和大规模高速公路建设则对这种行为加以引导和提供政策上的支持。汽车大量的普及和轨道交通或是高速公路的完善连接，使得相对独立的边缘城市和内城之间的交通十分方便，边缘城市距内城的距离大多在20千米以上。随着人口居住郊区化和后续的工商业以及服务办公业郊区化，大量的经济活动逐步外迁，郊区成了经济活动的集聚中心，市中心却因为失去了原有丰厚的财税源泉而呈现经济萧条和衰退，这就是所谓的“产业空心化”。

相比之下，我国高收入群体多倾向于在中心城区的新建高档社区购置住房，向郊区迁移的大多是受经济条件限制的普通平民，后者因为旧城改造或结婚成家被迫选择购买城市外围相对便宜的住房，迁移的行为具有明显的被动性。同时，我国的交通设施建设不足，汽车普及率不高，限制了城市向远郊发展，新的居住组团大多位于中心城市10千米以内，造成城市像摊大饼一样向外扩张。对全国有代表性的55座城市20世纪70年代以来扩张过程的遥感监测表明，平原地区的城市大多以原来的中心区为圆心进行环形扩张。这种发展模式所产生的后果便是近年来很多城市的交通严重堵塞。

SMH的主要假设是，尽管郊区化，黑人仍然留居在城市中心区。美国统计局数据显示，在2000年十大统计都市区中住在内城的人口黑人占64%，而白人只占28%。例如在高度隔离的都市区底特律，黑人占内城居民的70%，但是只占郊区人口的6%。在黑人中心化和聚集化的同时，内城的商业也日益减少，基础设施陈旧，就业和安全问题严重。而我国随着产业结构的调整和旧城改造的进行，原有污染大、劳动力密集的工业企业外迁，商业、金融等第三产业迅速发展，城市中心区异常繁华，内城仍然是经济活动的集聚中心。内城由于拥有郊区无法比拟的便利交通、完善市政设施和强大医疗教育条件一直是高收入者置业的首选，中等收入者大多居住在房改前单位分配的福利房中，低收入者为了入住政府规划建设的保障房被迫外迁。可见，虽然空间失配本质上都是由于收入分配决定了社会阶层的居住隔离，但中美两国不同收入阶层在空间上的圈层分布和分化现象却完全相反。

三、中美空间失配的测度和形成机制对比分析

当就业日益郊区化、而黑人仍在内城高度集聚时，就会有黑人居住就业的空间失配。空间失配程度的直接测量有空间失配指数（Spatial Mismatch Index）和工作可达性两种方法。马丁（Martin，1997）首次提出城市居住与就业地之间的SMI公式，得出由于黑人郊区化程度低，美国统计都市区黑人的平均SMI在1970～1990年增加20%。在2000年，黑人居住与就业之间和居住与零售工作之间的失配指数都接近55%。工作可达性考虑了居民的就业区位与通勤状况，对失配程度的度量更为准确。该方法以Hansen方程为基础，经舍恩（Shen，2001）改进后，表示为有关就业机会数量、就业竞争状况与两地间空

间阻抗程度的函数。

国内对 SMH 的检验主要集中在北京、上海、广州和重庆等大城市，研究对象主要是居住在城市边缘并在内城就业的低收入人群，方法大多是通过问卷调查来考察居住就业之间的匹配问题。徐涛等（2009）利用 SMI 测定了北京市 1982 年、1990 年和 2000 年的失配指数。刘志林、王茂军（2011）通过北京城市 124 个街道的就业可达性测度，发现一定阈值范围内居住街道就业可达性的提高鼓励居民延长通勤时间，但超过该阈值后则限制居民长时间通勤①。胡娟等（2013）利用 ArcGIS 数据分析平台，从总量职住比、独立指数、外出通勤率和外来通勤率的综合职住指标体系，对武汉市分圈层、主城区和新城组群的三个空间尺度职住系统的空间特征和职住匹配关系进行评价②。曾德珩、全利（2014）用 GIS 技术和统计分析软件 SPSS 处理相关数据，通过住房可支付指数和住房与交通综合可支付性指数结合通勤时间与通勤距离来判断重庆公租房小区的空间匹配程度③。

必须指出，虽然国内外这些研究或者测度了空间失配的程度，或者分析了空间失配对内城黑人劳动力市场的结果的影响，但是很少给出具体的、解释这个影响的机制。戈比伦、塞洛德和泽诺（Gobillon，Selod and Zenou，2007）总结了七种有理论模型提出的形成机制，全面给出了解释空间失配的潜在机制④。

（1）住房市场歧视。依据 SMH，布鲁克纳和马丁（Brueckner and Martin，1997）首次提出模型来研究住房市场歧视对黑人劳动力市场结果的影响，但只是通过“有”和“无”住房市场歧视时把黑人分配到内城或郊区位置并对空间失配引入“之前”和“之后”进行了一个比较。布鲁克纳和泽诺（Brueckner and Zenou，2003）的模型直接构建了空间失配对失业率的影响。他们假设城市的内城（CBD）和郊区（SBD）可形成两个隔离的本地劳动力市场。劳动需求外生，白人和黑人的工资水平设置在一个外生水平下，白人因为有较好的技能工资比黑人相对要高。研究发现：在有住房市场歧视下，黑人劳动力偏向于内

① 刘志林、王茂军：《北京市职住空间错位对居民通勤行为的影响分析——基于就业可达性与通勤时间的讨论》，载《地理学报》2011 年第 4 期。

② 胡娟、胡忆东、朱丽霞：《基于“职住平衡”理念的武汉市空间发展探索》，载《城市规划》2013 年第 8 期。

③ 曾德珩、全利：《关于公租房社区的居住与就业空间匹配问题：以重庆市为例》，载《城市问题》2014 年第 2 期。

④ Gobillon，Selod and Zenou. The mechanisms of spatial mismatch ［J］. *Urban Studies*，2007，44（12）：2401 - 2427.

城，内城黑人失业率比郊区高。在没有住房市场歧视下，所有黑人的失业率会在 CBD 和 SBD 失业率之间。

由于工资水平固定的限制不会产生任何关于空间失配对工资水平影响的预测，这个模型进一步拓展为黑人的工资水平由内生决定。此时失业成为一种制约性措施，因为该措施使得雇主在高失业率下时可以支付较低的工资。这种背景下获得的结果与在考虑失业率且固定工资背景下相同。另外显示，在空间失配均衡下，内城的黑人工资水平比郊区工人的更低。在不受限均衡下，所有黑人的工资水平介于在受限均衡下黑人内城和郊区工资水平之间。

（2）给定的工资水平下，通勤成本太高。SMH 认为通勤成本是内城黑人接受远距离工作的障碍，是造成内城少数族裔失业的重大因素。库尔森（Coulson et al.，2001）的模型解释了公司位于郊区时内城居民面临的高通勤成本如何造成他们不利的劳动力市场结果。作者同样假定两个隔离的本地劳动力市场。工人居住在内城或郊区，企业内在决定是选址于内城还是郊区，通常后者对公司来说更有吸引力。作者表明，住在郊区的居民在其居住区就业存在一种均衡，而住在内城的居民却要每天通勤到郊区就业（逆向通勤）。在这种均衡下，内城的职位数量要比郊区的要少，因为郊区低进入成本有助于创造职位，内城的失业率高且总工资低[①]。

实证研究方面，扎克和凯恩（Zax and Kain，1996）分析了一个公司从底特律的中心城市搬到白人郊区时通勤成本的变化对工人的流动性和就业的影响。研究发现：当白人雇员面临较长的通勤时，他们会选择搬到离公司更近的位置；而黑人雇员很少会换居住地，可能是因为他们在白人郊区的住房市场受到歧视。此外，通勤距离的增加会导致许多黑人选择放弃就业。

（3）距离就业地越远，工作搜寻越低效。在就业搜寻有效性上，空间摩擦的作用首次被瓦斯莫和泽诺（Wasmer and Zenou，2002）模拟，他们确立了搜寻模型下就业距离与失业之间的关系。这个模型的贡献是两种力量的存在。一种是就业者因为上班到就业中心比失业者要频繁得多，出于降低通勤成本的需要，居住在就业中心附近对他们来说更具有吸引力。另一种是因为与就业越靠近就业搜寻效率越高，所以靠近就业中心对失业者来说也是一种吸引力。这两种力

① Coulson，Laing and Wang. Spatial mismatch in search equilibrium [J]. *Journal of Labor Economics*，2001（19）：949－972.

量对抗的结果将导致两种城市配置均衡。第一种叫“融合的城市平衡”，此时失业者住在就业中心近，而就业者住得较远。第二种均衡叫“空间失配平衡”：就业者居住在就业中心附近，而失业者距离就业机会较远。哪种均衡占优，取决于就业者和失业者单位距离通勤成本的差异与失业者对其住在距离就业中心较远时能够有效搜寻工作的期望收益之间的权衡。当与搜寻效率相关的期望收益低于就业者和失业者之间的通勤成本差异时，空间失配平衡会占上风。在这种情况下，就业者愿意支付更高的土地租金，到离郊区就业中心更近的地方居住；而远离就业机会的失业者搜寻效率更低，找到工作的可能性较小，失业率会更高。

实证结果与模型的发现结果保持一致。罗格斯（Rogers，1997）和伊梅尔卢克（Immergluk，1998）发现：由于信息原因，距离就业近的工人的失业可能只会是短期的。斯托尔和拉斐尔（Stoll and Raphael，2000）表明，白人的就业搜寻质量比黑人要高，因为他们在就业增长更高的地区寻找工作，并且白人和黑人空间就业搜寻质量的差异可以解释两种就业率差异的近40%。

（4）距离就业地越远，工人越没有动力深入搜寻。史密斯和泽诺（Smith and Zenou，2003）提出一个住房搜寻匹配模型，主要关注工人就业搜寻的深入程度。与瓦斯莫和泽诺（Wasmer and Zenou，2002）不同，他们认为土地消费是内生的。在模型中，当一个失业工人增加他的搜寻强度，由于更加频繁的搜寻出行导致的交通费用和更低的可支配净收入导致更低的住房消费，他产生了短期的效应损失。然而，因为更加密集的搜寻会增加获得工作的机会和更高的期望收入，他也会获得长期收益。在这种情况下，每一个失业工人通过估计短期损失与长期收入来决定他的最优搜寻强度。

这个模型支持了空间失配假设的机制：如果黑人住在房子廉价但是远离就业机会的地方，他们相比住在较贵但距离就业较近的地区，将会被诱导更低强度的工作搜寻。帕塔克·希尼和泽诺（Patacchini and Zenou，2006）使用英国的次区域数据证明，住在高租金区域的工人搜寻工作更加密集：房价增加一个标准差会提高大约1/3个标准差的搜寻强度。

（5）搜寻费用越高，工人就业搜寻范围可能越窄。较高的搜寻费用可能会阻碍内城少数族裔对郊区工作机会的寻找，而这导致了他们较差的劳动力市场结果，这个机制首次由奥尔特加（Ortega，2000）构建。作者在一个两区域搜寻匹配框架下建立模型，假定就业存在于内城或郊区，工人选择去任一区域搜寻。因为搜寻费用在居住区假定是零，而到其他区很高，内城居民比郊区居民在郊区搜寻的费用更高。当在郊区找到工作的可能性比在内城要高时，内城居民面临一个介于在郊区搜寻工作的高效率和较高搜寻费用之间的权衡。结论是：当搜寻成本太高，内城居民没有动机在郊区搜寻工作，并且内城失业率要比郊区要高。

另外，戈比伦、塞洛德和泽诺（2007）还从公司的角度总结了空间失配的形成机制，原因是雇佣者不愿雇佣住在离工作地点较远的工人，远距离会产生不利的劳动力市场效应。具体理由如下①。

（6）远距离工人的生产力不高。这个想法由泽诺（2002）构造，是在一个所有公司位于内城的单中心城市背景下工人选择是否逃避。当工人在居住位置和生产力关系上有差异时，每个人的利润随着到就业距离增加而下降。公司预期远距离的工人会提供更低的努力水平，并且不会招聘在利润为零的距离之外的工人。

（7）地域歧视和客户歧视。泽诺和博卡（2000）提供了一个模型，一个隔离的空间结构可能会增加雇主对申请者居住位置的歧视。就美国劳动力市场而言，郊区雇主可能歧视内城居民。例如，雇主们认为他们更可能犯罪，不诚实或者工作习惯不好。另一种与空间失配相关的空间歧视涉及客户歧视，即雇主歧视少数族裔以此来迎合他们的本地顾客，因为本地顾客不希望与其他的少数群体有联系。

同时必须说明的是，以上形成机制并不全面，还有很多因素尚无理论模型模拟，如黑人的居住惯性和自我隔离。隔离的持续伴随着黑人高度的居住惯性。博加特（1998）支持上述观点，他的分析发现在1979～1984年期间，对住在低收入社区有孩子的黑人家庭来说，仅有9%的机会可能在随后几年入住条件稍好的社区；而对于白人这个可能性达到20%。这说明贫困地区的黑人比该地区的白人在空间或社会上的变动机会更少，黑人要搬出内城比白人更加困难。

在空间失配的形成机制方面，国内的研究主要认为是土地与住房政策、城市与交通规划政策等制度因素的制约。如郑思齐（2007）认为用地规划、容积

---

① Gobillon, Selod and Zenou. The mechanisms of spatial mismatch [J]. Urban Studies, 2007, 44 (12): 2401-2427.

率控制、住房供给与价格调控、交通设施空间布局与定价这些城市管理政策共同影响居住—就业空间匹配的形式和强度[①]。徐涛等（2007）指出空间失配的主因是城市规划和房地产项目选址过程中未考虑到潜在居民群体的就业空间分布情况，而仅依靠对潜在居民的收入定位、地块的区位、一般交通条件等因素决定[②]。王宁等（2009）认为兰州市城中村居民就业的空间障碍主要在于就业机会、城市交通系统和就业信息获得性[③]。周素红等（2010）指出保障性住房居民空间匹配性的群体差异是个人或家庭的居住—就业选择和决策的结果[④]。康琪雪（2010）认为政府的“缺位”与“越位”并存、开发商的市场垄断与价格合谋、居民选址的文化冲突等一起导致城市的空间失配[⑤]。刘志林、王茂军（2011）认为中国保障性住房建设等政策缺乏空间维度的考量，加剧了中低收入阶层的职住空间不匹配状况及工作的可达性困境[⑥]。曾德珩、全利（2014）指出公共交通，特别是轻轨、地铁等轨道交通对家庭支付能力和就业可达性有明显影响[⑦]。

四、政策意义

空间失配理论研究的目的是为了制定相应的政策和策略，因为中美两国居住就业空间失配的形成机制差异很大，所以激发出的政策也不尽相同。同时由于不同政策的有效性和效率很可能因为起作用的机制不同而不同，选择何种类型的政策要求必须具体识别哪种机制占优。

美国政府推出了三种改善空间失配的政策：（1）帮助黑人搬到郊区位置。直接的政策是用执法来处理住房市场歧视，并且提供财政支持使其有足够的收入来支付郊区房租，改善其郊区工作的可得性。在美国实施了两个这样的计划：

① 郑思齐：《就业与居住的空间匹配——基于城市经济学角度的思考》，载《城市问题》2007 年第 6 期。

② 徐涛、宋金平等：《北京居住与就业的空间错位研究》，载《地理科学》2009 年第 2 期。

③ 王宁、王录仓、李纯斌等：《基于“空间失配”假设的居民就业障碍研究：以兰州市城关区城中村为例》，载《经济地理》2009 年第 4 期。

④ 周素红、程璐萍、吴志东：《广州市保障性住房社区居民的居住—就业选择与空间匹配性》，载《地理研究》2010 年第 10 期。

⑤ 康琪雪：《我国城市居住空间结构存在的问题及原因分析》，载《经济体制改革》2010 年第 2 期。

⑥ 刘志林、王茂军：《北京市职住空间错位对居民通勤行为的影响分析——基于就业可达性与通勤时间的讨论》，载《地理学报》2011 年第 4 期。

⑦ 曾德珩、全利：《关于公租房社区的居住与就业空间匹配问题：以重庆市为例》，载《城市问题》2014 年第 2 期。

针对住在贫困社区的黑人家庭，赋予他们白人或种族混合地区的租赁凭证的Gautreaux计划和灵感来源于该计划，但目标是住在公共租赁房中有子女的内城低收入家庭的MTO项目。这两个项目的初衷是为了解决居住隔离，但希望居住流动性对就业和工资有积极的作用，以此间接解决空间失配。（2）吸引更多的就业机会到内城。如给选址在特定区域的企业提供补贴，或发展交通等基础设施以增加一些区域的吸引力。通常税收激励政策会更有效，因为该政策可针对某些类型的工作附以增加雇佣本地工人比例的条件，但是发展基础设施的效果就不一定，因为在任何情况下不能强迫公司雇用本地工人。（3）改善连接。美国已经实施几种从公共交通投资到代金券购买车的交通政策。公共交通政策的目的是通过减少内城和郊区之间的距离、时间和金钱（通过补贴）来降低通勤成本。但是降低交通费用可能不是连接人和就业充分有效的方法。当问题是高搜寻费用与信息缺乏之一时，交通政策仍是合适的，但是需要其他提高搜寻者从其社区获得职位空缺信息能力的政策作为补充。确定哪种机制起作用对采取有效的政策是至关重要的。

国内空间错位的研究发现包括保障性住房建设、城市规划与交通设施建设等政策和制度因素可能强化城市空间不平等，所以中国学者针对空间失配提出的建议更多的是指向土地与住房政策、城市与交通规划政策的制定。郑思齐（2007）建议在控制建筑密度的同时保证可支付价格水平的住房供给，通过不同用途用地的规划和住房供给的空间布局管理来改善就业与居住的匹配关系①。徐涛等（2007）提出在城市规划和房地产选址的评估过程中加入房地产潜在消费者的就业空间位置评估②。李纯斌等（2007）强调考虑空间失配问题的政策重点是土地与住房、交通规划等。钱瑛瑛（2007）③、马光红（2008）④、王宁等（2009）⑤ 建议保障性住房选址尽可能安排在近期重点发展区域、产业集中区域和公共交通便利的区段，同时适当缩小经济适用房小区开发规模或者采用混合开发模式，以避免空间失配。周素红等（2010）、李梦玄等（2013）提出在住房

---

① 郑思齐：《就业与居住的空间匹配——基于城市经济学角度的思考》，载《城市问题》2007年第6期。
② 徐涛、宋金平等：《北京居住与就业的空间错位研究》，载《地理科学》2009年第2期。
③ 钱瑛瑛、陈哲、徐莹：《基于空间失配理论的上海市中低价位商品房选址研究》，载《现代城市研究》2007年第3期。
④ 马光红、严国梁：《经济适用房空间失配与福利损失问题研究》，载《建筑管理现代化》2008年第1期。
⑤ 王宁、王录仓、李纯斌等：《基于“空间失配”假设的居民就业障碍研究：以兰州市城关区城中村为例》，载《经济地理》2009年第4期。

供给方面，建议以配建方式建设保障性住房，形成混合社区，以保证保障房区位中心化和分布分散化；在就业方面，建议针对低收入群体进行专门技能培训，构建居民个人社会支持网络，增加其就近就业的机会。刘志林和王茂军（2011）、曾德珩和全利（2014）均建议建设快速便捷的公交体系以扩展弱势群体的空间机会。

空间错位理论揭示出空间本身构成一种制约弱势群体的通勤能力、迁居能力和信息搜寻能力，进而影响居住与就业机会的结构性障碍，所以不管是美国还是中国，制定的政策或提出的建议都是致力于从这三方面消减空间失配的影响。

五、结论

SMH 关注的主要问题是：遭遇不利的劳动力市场结果（高失业率和低工薪）的低技能内城居民，这些人大部分是黑人，他们与郊区的就业机会隔离，原因是受到郊区住房市场的种族歧视。可见，SMH 的研究最早根植于种族歧视的土壤，但随着研究的深入，更多的学者包括中国学者认为空间失配的根本原因不是种族歧视，而是技能失配。

因为中美城市化的大背景差异，两国空间失配的表现和形成机制也呈现很大的差异。美国的空间失配主要是隔离居住在内城的少数族裔从中心区远距离通勤到郊区低技能工作岗位就业甚至被迫失业，具体的形成机制有住房市场歧视、通勤成本、搜寻成本、搜寻效率和动机等。中国的空间失配表现为住在城市边缘的低收入者通勤到中心区就业，形成机制主要是土地与住房政策、城市与交通规划政策等制度因素的制约。由于中美空间失配的根本原因相同，所以政策或建议都是希望提高弱势群体的通勤能力、迁居能力和信息搜寻能力，但中国学者的建议更侧重于通勤能力和工作技能的提升。

美国学者经过 40 多年的研究，发表了大量关于空间失配相关的实证论文，建立了空间失配的理论模型，揭示了居住与工作距离远对少数族裔不利的具体成因，确定了空间失配全面的形成机制，并且提出了系统的改善空间失配的政策和策略。国内的研究五年之前主要引进或介绍空间失配的概念和研究进展，现在主要是对空间失配进行定量的测度，但是对空间失配形成机制的研究尤其是理论研究还很少。原因是中国空间失配的形成机制非常复杂以及空间失配理论模型构建具有一定的难度，而这也是本书对中美空间失配形成机制进行对比分析之后的进一步研究方向。

第二节　保障房社区居民居住—就业空间失配福利损失研究[①]

现有研究多是以传统的理论和方法分析居住—就业空间失配问题，而对保障房社区居民由于居住—就业空间失配导致的福利变化关注不够，尤其是缺乏对空间失配导致被保障对象福利损失的量化测度。

福利的测度方法大体可分为四类：需求和供给弹性分析法、意愿调查法（Contingent Valuation Method，CVM）、指标体系法以及经济福利指标和非经济福利工具相结合的综合方法。本书拟在对武汉的保障房社区进行深入调查的基础上，首次采用 CVM（Davis，1963）方法测度保障房社区居民由于居住—就业空间失配导致的福利损失。

一、武汉市保障房社区居民的居住—就业变迁与空间匹配性

本书的数据来源如下：课题组于 2013 年 4 月以武汉市中心城区（包括江岸区、江汉区、硚口区、汉阳区、武昌区、青山区、洪山区 7 个区）的保障房小区作为调查区域，随机选择 2006 年以后新建的经济适用房小区 15 个，按照经济适用房社区的数量和规模比例分配调查问卷，然后对经济适用房小区的居民进行随机问卷调查或入户访谈，发放问卷 600 份，经收回整理，有效问卷为 582

① 李梦玄、周义、胡培：《保障房社区居民居住—就业空间失配福利损失研究》，载《城市发展研究》2013 年第 10 期。

份，有效率达到97%。

本次调研针对研究目标设计了四个方面的调查内容，包括居民的个人和家庭属性、搬迁前后居住和就业变迁、调查对象的通勤情况变迁以及假设在原住址还建保障房情景下的每月支付意愿，具体分析如下。

（一）保障房社区居民的群体特征

调查对象的个人禀赋、社会属性等变量的定义和描述性统计见表5－1。随机调查的结果显示调查对象平均年龄为38岁，其中女性占比62%，主要是男性因为工作繁忙而对调查的配合程度较低。调查对象的社会属性和家庭收入呈现如下的特征：（1）职业方面，以企业职工和个体工商户为职业的调查对象比例达到65%，这说明调查对象就业面偏窄。（2）学历方面，91%的调查对象是专科及以下，本科很少，这说明调查对象受教育年限较少，学历较低。（3）收入方面，平均值是3 864元，标准差高达2 139（见表5－1），说明调查对象的收入差距也比较大。总体上，保障房社区居民表现出文化程度、工作选择自由性和收入等都较低的共性。

表5－1　　调查对象属性变量的定义和描述性统计

变量	定义	均值	标准差
SEX	性别（男＝0，女＝1）	0.62	0.25
AGE	年龄（35岁以下＝0，35岁以上＝1）	0.57	0.19
JOB	职业（企业职工和个体工商户＝0，其他＝1）	0.35	0.16
EDUCATION	受教育的年限（高中及以下＝0，专科及以上＝1）	0.49	0.15
HOUSE	家庭总人口	3.36	1.17
INCOME	家庭月总收入	3 864	2 139

（二）保障房社区居民的居住—就业特征及变迁

由于不同属性的居民对城市空间距离感知的差异性较大使得基于认知的通勤距离可信度较差，张艳、柴彦斌（2009）建议采用GIS测量工作地与居住地之间的直线距离，以此作为调查对象的通勤距离。但是，对于长江、汉江穿城而过并被分割成武昌、汉口和汉阳三镇的武汉市，通勤直线距离和居民实际通勤距离的差异性非常显著，采用通勤直线距离不能充分反应居民的实际通勤情况。因此，本次调研针对社区居民的通勤情况调查了三个指标，包括调查对象的通勤工具、通勤时间和通勤成本，主要以通勤时间来分析保障房社区居民的居住—就业区位特征和变化。

居住方面，在所有的调查对象中，88.73%的保障房社区居民迁居后的居住位置相对于之前明显偏远。这些居民之前主要居住在区位较好的二环内或中心城区，现在却有65%的居民居住在三环附近，也就是说，绝大部分居民为了入住保障房从较好的区位被置换到较偏的区位。

就业方面，71.2%的居民在入住保障房社区后没有变换工作，还是在原单位工作；17.8%的居民因搬迁而放弃工作，失业在家；9.9%的居民在搬迁后选择重新就业；最后1.1%的居民在搬迁前后退休，不再上班（见表5-2）。

表5-2　调查对象的就业情况变化

被调查者	搬迁前后未换工作	因搬迁而放弃工作	因搬迁更换工作	搬迁前后退休
所占比例（%）	71.2	17.8	9.9	1.1

至于居住与就业的空间关系，由表3可知，调查的保障房小区居民之前的平均通勤时间是23.5分钟。在入住保障房社区之后，平均通勤时间是30.2分钟，增加28.5%。根据2012智联招聘和北大社会调查中心对中国15个城市的调查发现，武汉市上班族每天上下班往返平均耗时0.96小时（57.6分钟），也就是单程平均28.8分钟。可见，在入住保障房社区以前，被保障对象大多在原社区附近即区位较好的地段从事服务性、个体性工作，他们的平均通勤时间比武汉市居民平均通勤时间要短；但是在入住保障房社区以后，这些居民的通勤时间被迫延长，比武汉市居民平均通勤时间要长。

值得注意的是，17.8%左右的调查对象因为迁居后的居住地距离工作地太远、通勤时间太长（绝大部分在一个小时以上）而放弃了原来的工作，又因为在附近找不到工作等原因而最后选择失业在家，通勤时间最终变成了零。由于这部分人群正是空间失配的严重受害者，所以将他们的通勤时间认定为零（相当于视同他们没有受到空间失配的影响），或把他们从计算对象中直接扣除的处理都是不恰当的。正确的处理应当是假设这些失业的人继续工作，此时他们的通勤时间才是他们居住—就区空间失配的度量，此时被调查对象总体的平均通勤时间是32.9分钟（见表5－3），比原来的通勤时间增加40%，增加显著。

表5－3　　　　　　　　调查对象总体的通勤情况变化

定义	入住保障房社区之前		入住保障房社区之后	
	均值	标准差	均值	标准差
通勤时间	23.5	12.6	30.2（准确是32.9）	15.6
通勤费用	102.86	51.34	187.31	76.85
出行方式	步行占比26.58%， 电瓶或自行车占45.31%		公共汽车占38.61%， 电瓶或自行车占比36.24%	

调查显示，保障房社区居民的通勤成本平均值从入住前102.86元到入住后的187.31元，平均增加84.45元，增加幅度为82.1%；在出行方式选择上从之前的以自行车或电瓶车为主变成现在的以公共汽车为主，机动车出行比例明显增加（见表5－3）。这说明多数保障房社区居民迁入当前小区后，通勤距离大幅度增加。

（三）保障房社区居民的居住—就业空间匹配性

根据上面的分析发现，保障房社区居民从原来区位较好的居住地迁往区位偏远的保障房社区，大部分居民的工作并没有改变，还是区位较好的原工作地，迁居使这些居民工作地与居住地严重分离，长距离通勤现象比例多，这就是典型的居住—就业空间失配。

由于目前经济适用房大部分（占比约80%）是政府为解决拆迁安置和中低收入家庭的住房问题而建设的保障性住房，是带有福利性质的住房。在拆迁安置方案选择时，经济条件较好的家庭不会选择保障房而是会选择货币补偿，用拆迁补偿款加上家庭存款购买区位满意的商品房。只有那些经济条件较差，由于个人禀赋和家庭收入的限制无力自己解决住房问题的人群，才会迫不得已选择政府提供的价格低廉但是区位并不满意的保障房。

保障房社区的居民由于文化程度偏低，缺乏职业技能，大多从事非技术性劳动或服务业等劳动密集型产业，就业选择能力较弱。这些居民，特别是那些年龄偏大的居民，一旦辞职很难再就业，因而在迁入保障房社区后，71.2%的居民保留了原来的工作，忍受着长距离的通勤状态。还有17.8%的居民因搬迁后通勤距离太远、时间太长而被迫失业；只有9.9%的居民在搬迁后重新就业。

因此说，保障房社区居民的居住—就业空间失配总体上表现出明显的被动性（周素红，2010），既有住所选择上的被动性，也有就业选择上的被动性。

二、保障房社区居民空间失配的福利损失及原因分析

居住—就业空间失配是指工作岗位和谋职者在数量上和质量上的空间不匹配，可见由于空间失配导致的福利损失体现在两个方面：（1）因为上班距离变化导致的通勤费用和通勤时间（也有机会成本）的变化；（2）因为重新选择工作导致的收入变化。所以，保障房社区居民在迁居前后因为居住—就业空间失配引致的福利变化，确切地说是经济福利的变化，可以简单地用净收入（NET）的变化来表示：

经济福利变化 = 收入变化 − 通勤费用变化

通过对调研数据的统计分析发现保障房社区居民的福利变化分为四种情况（见表5－4）。

表5－4　调查对象在各种工作变迁情形下平均收入、通勤费用变化及平均支付意愿

项目	搬迁前后未换工作	因搬迁而放弃工作	因搬迁更换工作	搬迁前后退休
所占比例（%）	71.2	17.8	9.9	1.1
收入变化	0	−1 262.49	392.84	−145.36
通勤费用变化	94.37	−101.86	139.45	−126.87
平均净收入变化	−94.37	−1 161.63	253.39	−18.49
支付意愿	128.41	1 107.94	194.31	15.84
被调查对象总体的平均净收入（NET）变化为249.08元，总体的平均支付意愿为308.05元				

（1）71.2%的调研对象在入住保障房社区之后没有变换工作，他们的收入不变，但通勤费用平均增加94.37元，平均福利损失94.37元。这一类人群中的

84.17%在入住保障房社区后通勤距离增加，距离增加导致通勤费用和通勤时间增加，总体净收入减少，福利受损。其余的15.83%（占总调研对象的11.27%）属于就地还建，工作和通勤情况都不变，总体净收入不变。

调查显示，被调研对象中从事企业和个体经营的比重高达65%，可见，保障房社区家庭的成员普遍因为受教育程度不高，职业技能不足而只能选择少数行业就业。这些行业尤其是服务业主要分布在城市中心，而保障房建设在偏远的市郊，社区居民就近就业机会少，所以大部分居民没有变换工作。这样的结果是居住在市郊，工作还得去原单位，通勤距离很远，居住—就业空间失配严重。可见，保障房社区位置偏远，居民远离就业机会，是保障房社区居民就业困难的主要原因。

（2）9.9%的调研对象变换了工作，工资收入增加，这一部分人89.3%是比较年轻的男性，因为肩负养家糊口的责任，同时人力资本相对较高，跳槽之后收入平均增加392.84元，通勤距离增加导致通勤费用平均增加139.45元，净收入平均增加253.39元，福利略有改善。

调查发现，比较年轻的男性在入住保障房之后变换工作的概率较大，这是因为年轻时期也是人力资本上升空间较大的时期，有了住房的保障后，他们更有动力跳槽，通过变换工作积累经验，挖掘个人能力的潜力，提升人力资本，最终寻找到适合自己的职业。而年龄偏大的男性基础差，学习和适应能力下降，跳槽概率很小。所以，个人禀赋和社会资本较低是保障房社区居民工作难找的重要原因。

（3）17.8%的调研对象选择了失业，这一部分人98.4%是女性，因为保障房距离原来的工作地路途遥远，又无法就近就业，所以选择失业在家，专门养育孩子、照顾家人。这种情况下的居民收入下降1 262.49元，虽然通勤费用也减少101.86元，但是总体净收入大大减少1 161.63元，福利受损严重。

调查显示，76%的保障房社区交通条件差，出行困难，出行成本高，如洪山区的东方雅园要走20来分钟才到公交车站。相对于并不可观的收入，过长的通勤时间使得被保障家庭的女性放弃在原来的工作，加之她们在就业市场相对于男性更加弱势，就业更困难，于是被迫失业。史密斯和泽诺（2003）认为那些远离就业机会的失业者选择长时间失业和懒于寻找工作是他们理性选择的结果，因为高额成本、拥挤不堪、超长路途的通勤将大大降低他们的工作效率和生活品质，被保障家庭女性的失业选择正是这种情况。所以说，保障房社区交通设施缺乏、出行困难也是保障房社区居民就业困难的原因之一。

（4）1.1%的调查对象工资收入不变或略微降低，通勤费用和时间减少，总体净收入几乎不变。这一类人群恰好到了退休的时候，比例非常少。

总体来说，绝大部分被保障家庭在迁居后通勤距离和通勤时间显著增加，所有被调查对象的平均经济福利损失为249.08元。保障房区位偏远引发的工作机会距离太远或太少和社区居民缺乏技术是被保障对象就业困难的主要原因。

三、基于CVM的保障房社区居民空间失配福利损失测度

上述的净收入变化法可以简单地度量保障房社区居民由于空间失配导致的福利变化，但是这种方法度量的仅仅是经济福利的变化，并没有考虑通勤时间的机会成本等其他因素，所以结果相对保守。为了全面测度居住—就业空间失配对保障房社区居民综合福利的影响，本书提出采用意愿调查法来分析。

意愿调查法（Contingent Valuation Methord，CVM），又称意愿调查价值评估法，是国外应用最为广泛的对资源、环境等具有非排他性和非竞争性特点的公共物品价值评估的标准方法。它利用效用最大化原理，对尚无法进行市场交易的某种产品，通过情景描述（假想或模拟）的方式介绍该产品，再运用有技巧性的设问方式引导消费者表达对获取该产品的支付意愿，结合相应的计量方法测度该产品的价值（周应恒、彭晓佳，2006）。

其中，支付意愿常用以下方法获得：随机选择部分家庭或个人作为样本，以问卷调查的形式通过询问一系列假设的问题，通过模拟市场来揭示消费者对资源环境等公共物品和服务的偏好，并获得受访者对资源环境改善项目的支付意愿（赵军、杨凯，2006）。在本书的研究中，因保障房居住空间分异而对其社区居民产生了生活便利程度的改变、交通通勤的变化、就业机会的减少、社会交往的变化等，这些福利损益与公共品有着相似的性质，即在现实市场中无实际价格。因此采用支付意愿调查来测度因保障房社区的空间分异而给居民造成的福利损失。通常采用CVM调查方法主要有两种形式：直接询问调查对象对各

项服务变化的支付或接受赔偿的意愿；询问调查对象对表示上述意愿服务的需求量，并从询问结果推断出支付意愿或接受赔偿意愿。本书的核心问题是：通过对比入住保障房前后收入和通勤情况（后者包括工作出行距离、出行时间、出行费用）的变化，你认为工作及出行的变化对你产生了多大的影响？如果在原居住地建设和你目前住房条件完全一样的保障房小区，你的工作出行不会因为搬迁受任何影响，你愿意为该位置的保障房每个月支付多少钱？

为了获得较高质量的统计结果，样本量必须足够大。本书的样本量按 Scheaffer 抽样公式确定。设定抽样误差为 0.06，武汉 2006 年以后建设经济适用房共约 5 万套，所以样本量在 300 份左右比较适合。本书数据识别后的有效问卷 582 份，样本量足够。调查对象的支付意愿的基本统计见表 5-4。

得到调研的支付意愿数据后，我们关注如下问题：（1）支付意愿能准确测度居住—就业空间失配导致的福利损失，或者说 CVM 方法适合用来测度保障房区位偏远的外部性大小吗？CVM 方法测度的综合福利损失的具体结果如何？（2）保障房社区居民的支付意愿受到哪些因素的影响？

（一）CVM 方法测度被保障对象空间失配福利损失的适宜性和结果分析

为了判断支付意愿是否测度了被保障对象居住—就业空间失配引致的福利损失，本书将每个家庭的支付意愿（WTP）对该家庭的经济福利变化（NET）进行回归，方程的回归结果如下。

$$WTP = 0.013 + 1.219NET \tag{5.1}$$

一方面，方程（5.1）回归结果的 $R^2 = 0.856$，表明回归方程的解释能力强。t 检验显示经济福利净损失的系数显著，这说明支付意愿和该家庭的经济福利损失基本成正比。另一方面，由于该系数大于 1，这表明调查对象在考虑支付意愿的时候，在考虑经济损失的同时，也考虑了通勤时间延长的机会成本等因素。由此可见，CVM 方法适合用来测度保障房区位偏远的外部性。

因为 CVM 测度的是假设在原居住地建设保障房，即消除新增居住—就业空间失配影响的支付意愿，所以 CVM 测度的就是目前保障房区位偏远给被保障对象造成的空间失配方面的综合福利损失。测度的结果分情况如下（详见表 5-4）：（1）对于 71.2% 的没有变换工作的调研对象来说，他们的平均支付意愿是 128.41 元，也就是说，他们认为保障房区位偏远形成的居住—就业空间失配导致他们综合福利的受损额度为 128.41 元。（2）对于变换了工作和选择了失业的调研对象来说，他们支付意愿的平均值分别是 194.31 元和 1 107.94 元，即他们感知的因为居住—就业空间失配造成的损失，也即保障房区位偏远的外部性大小分别为 194.31 元和 1 107.94 元。（3）对于 1.1% 的退休的调查对象来说，他们支付意愿的平均值是 15.84 元，即他们认定他们因为保障房的区位问题而受到的综合福利损失很小，几乎为零。

就所有样本来说，CVM 测度的被调查对象支付意愿平均值为 308.05 元，即他们因为居住—就业空间失配造成的综合福利损失为 308.05 元。

（二）被保障对象支付意愿的影响因素分析

影响保障房社区居民对原居住区位支付意愿高低的因素主要包括个人禀赋、家庭特征等属性变量。变量的具体定义和描述性统计分析见表 5－1，经过解释变量的筛选，发现变量工作职业和出行方式对支付意愿的解释能力不够显著，所以支付意愿（WTP）的影响因素模型如下：

$$WTP = C + \beta_1 SEX + \beta_2 AGE + \beta_3 EDU + \beta_4 HOU + \beta_5 INC \tag{5.2}$$

采用调研获得的数据对模型（5.2）进行估计，参数估计结果与统计性质如表 5－5。方程中各变量的系数均能够在 90% 的置信度下显著成立，变量显著性检验通过；同时 F 统计量在 95% 的置信度下显著成立，方程整体显著性检验亦通过。

表 5－5　　支付意愿 WTP 与调查对象社会经济变量的回归分析

变量	SEX	AGE	EDUCATION	HOUSE	INCOME
系数估计值 （标准差）	0.183 ** （0.079）	0.056 * （0.031）	0.096 * （0.057）	0.192 *** （0.064）	0.225 *** （0.078）

注：（1）*** 、** 和 * 分别表示结果在 1%、5% 和 10% 的水平上显著；括号中为标准误。（2）收入和支付意愿都取对数。

（1）收入 INC 越高，支付意愿越大。体现在系数 β_5 显著为正，说明收入较高的家庭更倾向于居住在距离工作地较近的地方，其原因主要有两个方面：一是家庭收入是经济条件的主要指标，也是一个家庭生活水平的重要体现，家庭收入越高，表明这一家庭生活水平较高，生活品质也较高，漫长的通勤时间会严重影响他们生活的质量，所以他们对靠近工作地的居住区位支付愿意更高。二是因为收入较高的家庭相同时间的机会成本更高，他们对通勤距离和通勤时间更为敏感，也就不愿意把时间浪费在漫长的工作出行和拥堵中，所以愿意为通勤时间的节约进行更多的支付。

（2）年龄变量 AGE 前的系数为正，意味着年龄越大的人群支付意愿更大。年轻的人群精力充沛但收入较低，出于入住保障房可以节约购房成本、减轻生活压力的考虑，他们愿意忍受较长的通勤距离和通勤时间。相比而言，年龄大的人群体力下降，长时间的通勤对于他们来说倍感疲惫，同时他们对医院等设施的需求明显增加，但是保障房社区的医院设施匮乏，所以他们更倾向于居住到医院等设施齐全、交通方便的原社区。

（3）人口越多的家庭支付意愿越大。原因是家里人口越多，整个家庭的通勤需求也增加，或者说通勤对这个家庭的影响更大。这种情况下除了夫妻上班还有小孩上学，为了满足全家人尤其是孩子的需求，他们愿意为通勤时间短的原社区进行更多的支付。

（4）教育是一个虚拟变量，回归发现受教育的年限越长，支付意愿越大。调查发现，相对于高中及以下学历较低的调查对象，专科及以上学历更高的调查对象通常能迅速理解支付意愿的含义，他们认为政府应该为入住区位偏远的保障房对他们工作出行的外部性影响进行补贴，如果能在原住区建设保障房，他们倾向于更多的支付意愿。

（5）性别也是一个虚拟变量，回归显示男性比女性倾向于更多的支付意愿。这主要是因为保障房社区家庭中，男性是家庭经济来源的主要承担者，他们对居住—就业空间失配的影响感受更为深刻，支付意愿也就更高；而女性工作收入较低，部分女性对空间失配的体验较少，所以支付意愿也较低。

总之，CVM 方法考虑了通勤时间变化等因素的影响，全面地测度了被保障家庭迁居前后因为空间失配导致的综合福利变化。影响被保障家庭对原居住区位建设保障房的支付意愿的因素很多，但是最为显著的还是收入，其次分别是人口、性别、教育年限和年龄。

四、结论与建议

本书应用空间失配理论，从居住—就业区位选择行为角度出发，对武汉的保障房社区进行按比例的抽样调查，获得包括居民个人和家庭属性、入住保障房前后居住与就业的选择与变迁和工作出行方式、通勤时间等数据，首先对保障房社区居民的居住—就业空间失配存在性进行了实证检验，其次通过被保障对象入住保障房社区前后的净收入变化，尤其是首次采用了考虑通勤时间变化等因素的 CVM 方法全面测算了被保障对象因为新增居住—就业空间失配而产生的综合福利损失，最后分析了被保障对象对原居住区建设保障房的支付意愿的影响因素。研究发现：

（1）保障房社区居民从原有区位相对较好的居住地迁往区位相对偏远的保障房社区，大部分居民的工作并没有变换，还是在区位较好的原单位工作，迁居使得居民工作地与居住地严重分离，居住—就业空间失配问题严重。

（2）净收入方法度量的被调查对象空间失配造成的平均经济福利损失为 249.08 元，CVM 测度的被调查对象因为居住—就业空间失配引致的综合福利损失为 308.05 元。净收入变化法度量的是调查对象经济福利的变化，CVM 方法考虑了通勤时间的变化，测度的是保障房社区居民迁居前后由于空间失配导致的综合福利变化，因而更为全面、准确地测度了保障房区位偏远的外部性。

（3）影响保障房社区居民对原居住区位建设保障房的支付意愿的因素首先是收入，其次是人口、性别、教育年限和年龄。

随着城市的快速发展和郊区化，城市居民居住地与就业地的空间距离也在不断地增长，这是不争的事实。但是，如果说城市居民居住—就业的空间失配是城市化过程中的一种自然现象，那么保障房区位较偏引发的被保障对象居住—就业空间失配则是一种人为的结果。既是人为，本书因此建议采取以下措施预防和减少这种空间失配：一是在住房供给方面，建议以配建方式建设保障性住房，形成混合社区，以保证保障房区位中心化和分布分散化；二是在就业方面，建议针对低收入群体进行专门就业培训，同时在低收入群体相对集中区域创造适合的就业机会（周素红，2010）[①]，帮助该群体就近就业。

第三节　本章小结

美国城市化的特征体现为居住就业郊区化，而我国仍然是城市中心集聚化。基于完全不同的背景，深入对比中美空间失配的表现和形成机制有显著的意义。美国的空间失配主要是隔离住在内城的少数族裔通勤到郊区就业或者失业，具体的形成机制有住房市场歧视、通勤成本、搜寻成本、搜寻效率和动机等。中国的空间失配主要表现为住在城市边缘的低收入者通勤到中心区就业，形成机制主要是土地与住房政策、城市与交通规划政策等制度因素的制约。由于中美空间失配的根本原因相同，所以政策建议都是提高弱势群体的通勤能力、迁居能力和信息搜寻能力，但中国学者的建议更侧重于通勤能力和工作技能的提升[②]。

本章应用空间失配理论，从居住—就业区位选择行为角度出发，基于武汉市的582个被保障家庭调查数据，实证检验了保障房社区居民空间失配的存在性，通过被保障对象迁居前后净收入的变化以及考虑通勤时间变化的CVM方法，全面测算了被保障对象因为居住—就业空间失配而引致的福利损失，分析了被保障对象为消除新增空间失配的支付意愿的影响因素。研究发现：（1）绝大部分保障房社区居民迁入当前小区后，通勤时间和距离大幅增加，居住—就业空间失配严重。（2）与净收入变化法只度量了被保障对象的经济福利变化相比，考虑了通勤时间变化的CVM方法全面地测度了保障房社区居民由于空间失配而导致的综合福利变化。（3）影响保障房社区居民对原居住区位支付意愿最主要的因素是收入，其次还有人口、性别、教育年限和年龄[③]。

---

① 周素红、程璐萍、吴志东：《广州市保障性住房社区居民的居住—就业选择与空间匹配性》，载《地理研究》2010年第10期。

② 李梦玄、周义：《中美城市化空间失配形成机制对比分析》，载《金融教学与研究》2015年第4期。

③ 李梦玄、周义、胡培：《保障房社区居民居住—就业空间失配福利损失研究》，载《城市发展研究》2013年第10期。

第六章
保障房建设的社会福利效应研究

2011 年，党中央、国务院决定在 2008～2010 年开工 1 000 万套的基础上，在“十二五”期间再建设 3 600 万套保障性住房，加快解决城市弱势群体的住房困难问题，促进实现住有所居的目标。全国因此掀起保障房建设的新一轮高潮，2011～2012 年我国保障房新开工 1 000 万套和 700 万套。然而，在保障房建设数量再创新高的同时，保障房建设的质量问题如规划布局比较集中、离市区较远，配套设施没能同步建设或者敷衍了事，建成后因为质量问题无法及时投入使用等日益显现，而且变得愈加突出。保障房建设到底给被保障对象的福利水平带来了怎样的改善？保障房的建设需要在哪些方面进行改进？从社会福利的新视角，全面准确地测度被保障对象迁居前后的福利变化，很可能是解决保障房建设中问题的关键。

目前，国内研究保障房问题涉及福利的较多，但是定量研究保障房建设福利效应的论文很少。马光红等（2008）借助 AMM 模型和空间失配假设，从经济适用房的空间失配与住房福利损失的视角切入，研究了经济适用房选址与住房福利损失之间的关系，提出了经济适用房合理选址的措施建议①。

本书拟运用森的功能和能力福利理论，尝试构建被保障对象福利的评价指标体系，对有代表性的城市的保障房社区进行按比例的随机入户调查，获得居民入住保障房前后包括居住、生活、就业、教育和交通条件等指标的相关数据，并以武汉市公租房（包括廉租房）为例进行实证研究，使用指标体系法（模糊评判方法）对入住保障房前后居民的福利变化进行度量，分析被保障对象在入住保障房前后总体福利水平的变化状况，探讨保障房社区居民福利变化产生差异的显著影响因素，为完善住房保障制度、探索改善低收入家庭整体状况途径提供有益的借鉴。

---

① 马光红、严国梁：《经济适用房空间失配与福利损失问题研究》，载《建筑管理现代化》2008 年第 1 期。

第一节　保障房建设的社会福利效应测度和实证研究①

一、住房保障对象福利的构成

本书以入住保障房社区的居民为研究对象，根据森的功能和能力福利理论，提出被保障对象的福利既包括居住条件、生活条件、教育设施、就业环境、交通条件等客观指标（功能），也包括心理状况等功能性活动指标（能力）。具体指标体系见表6-1。

表6-1　　　　保障性住房福利构成及评估体系

评估指标	初级指标	很满意评估标准	满意评估标准	不满意评估标准	很不满意评估标准
居住条件	人均住房面积（平方米）	>24	16~24	8~16	<8
	配套基础设施	除了检修不停	很少停水电气	偶尔停水电气	经常停水电气
生活条件	商业设施	步行5分钟	步行10分钟	步行15分钟	步行超15分钟
	运动设施	同上	同上	同上	同上
	银行	自行车5分钟可达	自行车10分钟可达	自行车15分钟可达	自行车15分钟不可达
	社区卫生站	同上	同上	同上	同上
教育条件	九年制义务教育设施	自行车5分钟可达	自行车10分钟可达	自行车15分钟可达	自行车15分钟不可达
	幼儿园	同上	同上	同上	同上

① 李梦玄、周义：《保障房建设的社会福利效应测度和实证研究》，载《中南财经政法大学学报》2012年第5期。

续表

评估指标	初级指标	很满意评估标准	满意评估标准	不满意评估标准	很不满意评估标准
就业条件	与第二产业接近距离	直接临近，自行车15分钟可达	靠近，公交20分钟可达	不靠近，公交45分钟可达	公交45分钟不可达
	与第三产业距离	同上	同上	同上	同上
交通条件	与公交的关系	步行5分钟	步行10分钟	步行15分钟	步行超15分钟
	与轻轨的关系	同上	同上	同上	同上
心理	安全性	很安全	较安全	不安全	很不安全
	邻里关系	很和谐	较和谐	不和谐	很不和谐

（1）居住条件。公租房是国家和当地政府为了解决城市低收入家庭住房困难而修建的普通住宅，有社会公共福利和住房社会保障的性质。由此可见，居住是保障房福利的首要组成部分。人均住房面积和配套基础设施都是居住条件中最为重要的内容，本书选取这两项作为反映居住条件的初级指标。

（2）生活条件。公租房周边的生活设施，主要指日常用品购物、基本服务的取得和基本的运动设施，具体包括超市、邮局、银行、社区卫生站、集贸市场等服务单位，目的是为居民提供便利的生活条件。本书选取商业设施、运动设施、银行和社区卫生站作为反映社区生活条件的基本指标。

（3）教育设施。教育对个人的发展起着决定性的作用，中国的家庭向来非常关注子女的教育问题。调查中发现，被保障家庭担心公租房周边是否有幼儿园、小学这些基本的教育设施，以及这些设施能否方便小孩就近上学。本书选取合理的半径内是否有九年制义务教育设施、幼儿园作为教育条件的基本指标。

（4）就业环境。国家给低收入家庭提供保障房，是为了解决他们住有所居的问题。不过对于这些人群，他们自己无力改善住房条件的重要原因是因为他们的收入偏低。保障房如果能在改善居住条件的同时改善他们的就业环境，不仅能增加他们的收入，还能提高其可行能力，也就是发展空间。发展空间和收入一样，都是福利的重要内容，可见就业环境也是被保障对象福利的重要组成部分。本书选取与第二产业如工业园的接近距离、与第三产业如低技能服务业的距离作为就业环境的指标。

（5）交通条件。保障房周边的交通设施主要包括公交、地铁等，其中公共汽车具有便捷、便宜的特点。对于低收入人群而言，如果保障房距工作地点太远，他们不仅每天都要支付往返的路费，同时距离太远加上高峰时段的堵车还会大大增加他们在路上的通勤时间。交通产生的经济、时间成本都会影响被保障家庭的福利大小。本书因此选取与城市公共交通的关系、与城市道路系统的关系作为交通条件的基本指标。

（6）心理状况。快乐、心理满足和收入一样，都是个人或家庭福利的重要内容。对被保障对象来说，社区治安状况影响他们社区生活的质量，社区的管理和人际关系的变化影响他们对社区的归属感，这些都影响他们自我福利的感知。本书因此选取社区安全、邻里关系两个指标来反映心理状况。

二、实证研究

（一）研究区域与数据说明

2011 年初，湖北省政府下达武汉市的保障性安居工程目标任务为 118 482 套，超过了武汉市“十一五”期间总和。2011 年内，武汉市 4 515 套廉租房集中上市，基本解决了现有廉租房轮候家庭的住房困难。不过，在此过程中也出现了保障房选址偏远和施工质量缺陷等问题。被保障对象福利状况的改变因此成为一个关键问题。本书于 2012 年 3 月选择武汉市中心城区（包括江岸区、江汉区、硚口区、汉阳区、武昌区、青山区、洪山区 7 个区）的保障性住房（包括廉租房）小区作为调查区域，针对保障房社区的居民进行随机问卷调查，发放问卷 320 份，收回有效问卷 287 份，有效率达到 90%，调查数据的平均值见表 6 - 2。

表 6－2　　　　调查数据的平均值统计

指标	指标权重	初级指标	初级指标权重	入住保障房前状态变量值	入住保障房后状态变量值
居住条件	0.181	人均住房面积	0.090	0.239	0.818
		配套基础设施	0.091	0.214	0.586
生活条件	0.169	商业设施	0.076	0.758	0.352
		运动设施	0.024	0.321	0.313
		银行	0.034	0.684	0.375
		社区卫生站	0.035	0.668	0.387
教育条件	0.151	九年制义务教育设施	0.076	0.641	0.411
		幼儿园	0.075	0.412	0.597
就业条件	0.170	与第二产业如工业园的接近距离	0.079	0.124	0.288
		与第三产业如低技能服务业的距离	0.091	0.495	0.267
交通条件	0.177	与城市公交的关系	0.159	0.841	0.515
		与轻轨的关系	0.018	0.454	0.348
心理	0.152	安全性	0.109	0.219	0.822
		邻里关系	0.043	0.312	0.642

（二）计算方法

福利是一个含义广泛、并且在某些方面相对模糊的概念，构成福利的某些指标常常属于主观评价指标，对这些指标的主观判断具有较大的模糊性，因此本书采用由查德（Zadeh，1965）提出的模糊数学方法测算居民福利水平的变化（高进云等，2007）。

（1）隶属函数的设定。模糊数学法的关键之一是选择合适的隶属函数。在对福利进行评估时，所研究的指标常常无法得到明确的定量数据，只能由研究对象对其进行不同程度的主观评价，这就是虚拟（定性）变量。例如本书在对所有初级指标的每一种状况进行满意程度的评价时，分别设置了很满意、一般满意、不满意和很不满意这 4 种状态。然后，分别为这 4 种状态变量依次等距赋值，以 x_{ij} 表示第 i 个指标的第 j 个初级指标的状态变量值，则 x_{ij} 分别为 1、0.66、

0.33 和0，值越大表示福利状况越好。状态变量的统计量见表6－2。将 x_{ij} 代入切廖利（Cerioli and Zani，1990）中虚拟变量的隶属函数的设定公式，可进一步简化为下式，可见由于 x_{ij}^{min}、x_{ij}^{max} 分别为0、1，这类虚拟变量的隶属度 $\mu(x_{ij})$ 在非端点处就和状态变量 x_{ij} 的取值相等。隶属度的统计量见表6－3。

$$\mu(x_{ij}) = \begin{cases} 0 & x_{ij} \leqslant x_{ij}^{min} = 0 \\ (x_{ij} - x_{ij}^{min})/(x_{ij}^{max} - x_{ij}^{min}) = x_{ij} & 0 = x_{ij}^{min} < x_{ij} < x_{ij}^{max} = 1 \\ 1 & x_{ij} \geqslant x_{ij}^{max} = 1 \end{cases} \tag{6.1}$$

（2）指标的权重及加总。在得到初级指标隶属度的基础上，必须取得指标的权重后才能将隶属度加总成一个综合指标，所以权重是模糊数学法的另一关键。由于各指标在福利获得的过程中起的作用各不相同，应该根据理论和实际为各指标赋予不同的权重。

凯利和莱米（Cheli and Lemmi，1995）将权重结构定义为：$\omega_{ij} = \ln\left[\frac{1}{\overline{\mu(x_{ij})}}\right]$，高进云（2010）根据福利评价的三条基本假定设定权重函数为：$\omega_{ij} = \overline{\mu(x_{ij})}^{(-0.5)}$，这里的 $\overline{\mu(x_{ij})}$ 均代表第 i 个指标的第 j 个初级指标的隶属度的平均值。虽然这两种权重函数都符合基本假定，但是因此认定 ω_{ij} 与 x_{ij} 有某种确切的函数关系并且将该函数统一应用到各种不同问题的处理中，这种做法有待商榷。

本书因此根据实际调研中调查对象对各个指标的重要性排序和具体的主观评价来确定权重，按照相同的方法最终确定各初级指标的权重。初级指标权重的描述性统计见表6－2。由于研究对象的前后一致性，这里合理假定被保障对象入住保障房前后各福利指标的权重不发生改变。

在获得初级指标隶属度和权重的基础上，通过类加权平均的公式（6.2），可以逐步计算得到调查对象各功能的隶属度 $\mu(x_i)$ 以及其总体福利的大小。

$$\mu(x_i) = \frac{\sum_j (\mu(x_{ij}) \times \omega_{ij})}{\sum_j \omega_{ij}} \tag{6.2}$$

（三）各功能指标取值标准的说明

在计算各指标的隶属度时，首先需要确定各指标的取值，这就涉及评判标准。各初级指标的评判标准列于表6-1，具体说明如下。

（1）居住条件中，建设部颁布的2020年全面建设小康社会的城市居民人均住房建筑面积设定为30平方米，不过由于被保障对象的低收入特点，包括对被保障家庭的调研也发现，人均住房面积等于或超过24平方米的居住状况就很满意，所以认定24平方米为被保障家庭的人均住房面积的最大值标准。武汉市市民申请配租廉租房的“门槛”之一是家庭人均住房建筑面积8平方米（含）以下，申请购买经适房条件之一是人均住房建筑面积16平方米（含）以下，所以认为人均住房建筑面积低于16平方米是不满意的，低于8平方米时住房福利状况就是很不满意的。

配套基础设施以水电气缺停的频率为衡量标准，几乎不停（一月少于一次）的评价为很满意，很少停水电气（一月一次）的评价为满意，偶尔停水电气（一月两到三次）的评价为不满意，经常停水电气（一月超过三次）评价为很不满意。

（2）生活条件中，商业设施和基本运动设施以步行所需的时间为衡量标准，步行5分钟可达的评价为很满意，步行10分钟可达的评价为满意，步行15分钟可达的评价为不满意，步行超过15分钟才能到达的评价为很不满意。

银行和社区卫生站则以骑自行车到达所需要的时间为衡量标准，骑自行车5分钟可达的评价为很满意，骑自行车10分钟可达的评价为满意，骑自行车15分钟可达的评价为不满意，骑自行车15分钟还不能到达的评价为很不满意。

（3）教育条件中，九年制义务教育设施和幼儿园均以骑自行车到达所需要的时间为衡量标准，骑自行车5分钟可达的评价为很满意，骑自行车10分钟可达的评价为满意，骑自行车15分钟可达的评价为不满意，骑自行车15分钟还不能到达的评价为很不满意。

（4）就业条件中，与第二产业如工业园的接近距离、与第三产业如低技能服务业的距离均以骑自行车或者乘坐公交到达工作地点所需要的时间作为衡量标准，骑自行车15分钟可达的评价为很满意，乘公交20分钟可达的评价为满意，乘公交45分钟可达的评价为不满意，乘公交45分钟还不能到达的评价为很不满意。

（5）交通条件中，与城市公交的关系、与地铁轻轨的关系均以步行到达交通站点所需要的时间为衡量标准，步行5分钟可达的评价为很满意，步行10分钟可达的评价为满意，步行15分钟可达的评价为不满意，步行超15分钟才能到达的评价为很不满意。

（6）心理条件中，安全性以主观感觉为评价标准，如感觉很安全、较安全、不安全和很不安全分别评价为很满意、满意、不满意、很不满意。邻里关系同样以日常相处中和谐程度的主观感觉为评价标准，标准和隶属度都按照安全性类推。

（四）评价结果及分析

被保障对象福利的各指标评价结果见表6－3。从表6－3可以看出，尽管被调查区域被保障家庭入住保障房后的福利水平较入住前有所提高，模糊评价值从0.466上升到0.516，但提升率只有10.58%，提升的程度还不够大。具体而言，各功能和能力指标隶属度的前后变化呈现显著的差异。

表6－3　　福利指标的评价结果

指标（权重）	入住前后变化率	入住前评价值	入住后评价值	初级指标	初级指标权重	入住前隶属度	入住后隶属度
居住条件（0.181）	209.74%	0.226	0.701	人均住房面积（平方米）	0.090	0.239	0.818
				配套基础设施	0.091	0.214	0.586
生活条件（0.169）	－45.90%	0.662	0.358	商业设施	0.076	0.758	0.352
				运动设施	0.024	0.321	0.313
				银行	0.034	0.684	0.375
				社区卫生站	0.035	0.668	0.387
教育条件（0.151）	－4.52%	0.527	0.503	义务教育设施	0.076	0.641	0.411
				幼儿园	0.075	0.412	0.597
就业条件（0.180）	－14.21%	0.304	0.261	与第二产业如工业园的接近距离	0.079	0.124	0.288
				与第三产业如低技能服务业的距离	0.091	0.495	0.267
交通条件（0.177）	－37.88%	0.802	0.498	与城市公交的关系	0.159	0.841	0.515
				与轻轨的关系	0.018	0.454	0.348
心理（0.152）	214.33%	0.245	0.771	安全性	0.109	0.219	0.822
				邻里关系稳定性	0.043	0.312	0.642
总模糊指数	10.58%	0.466	0.516				

（1）居住条件。对于那些入住保障房社区的居民，原来居住普遍非常拥挤，或者住房年份已久、比较破旧，时常出现漏雨渗水等质量问题，加上基础设施不完善、生态环境差等，这些都对居民的生活质量产生直接的影响。而保障房小区是统一规划和建设的，并且装修齐全、配套成熟，所以居住条件大为改善，居住条件的模糊评价值从 0.226 上升到 0.701，上升率高达 209.74%，是原来的三倍多。调查中发现，最让被保障家庭满意的是居住面积的显著改善，人均住房面积的模糊评价值从 0.239 大幅上升到 0.818。配套基础设施的模糊评价值从 0.214 上升到 0.586，也改善了不少，但不如居住面积那么显著。原因是个别保障房项目的基础设施存在一定问题，如武汉市硚口区某保障房项目交房后，不少住户发现住房存在墙体开裂、屋顶漏水等质量问题。

（2）生活条件。保障房社区居民入住前后的生活条件发生了较大的变化，总体模糊评价值从 0.662 下降到 0.358，下降率为 45.90%，下降幅度很大。调查发现很多社区居民认为生活用品购买、儿童老人锻炼和银行取款这些必需或常见的活动，感觉起来不如以前方便。这一方面是因为保障房选址比较偏远或集中，生活购物比如买菜要走较远的路程，另一方面是因为小区的公共设施还没有及时地建设或完善。相对于运动设施、医疗设施等，由于生活中柴米油盐的重要性，居民对商业设施尤其是超市的依赖性很强，体现在数字上就是商业设施的权重 0.076 显著大于其他初级指标。

（3）教育条件。随着经济社会发展水平的提高，中国的家庭比以往更加重视子女的教育问题。近年来，武汉市在小区幼儿园的规划中通过采取了比例配建的强制性措施，逐步建立和完善了幼儿园的数量和质量，从而提高了居民对幼儿园建设的满意度，该指标的模糊评价值从 0.412 上升到 0.597。义务教育方面，小孩上学的距离有所增加，模糊评价值从 0.641 下降到 0.411。总体来说，教育条件的综合模糊评价值从 0.527 下降到 0.503，下降了 4.52%，应该说有所下降，但下降不多。

（4）就业条件。保障房社区居民入住前后的就业条件模糊评价值从 0.304 变成了 0.261，下降了 14.21%。值得关注的是，就业条件初级指标入住保障房社区前后的隶属度（即状态变量值）都比较低。有一部分家庭发现他们距离工业园的距离缩短了，不过他们的工作机会并没有增加；同时因为距离第三产业的距离增加了，就业的机会变得更少了。调查中发现很多保障房社区的居民年龄较大，缺乏技术，渴望更多服务业的就业岗位。这说明除了距离工作机会的远近对就业的影响之外，居民的人力资本偏低才是其就业机会少的深层原因。政府应该提高对低收入居民的再教育培训投入以提高其人力资本，从而真正增加其就业机会。

（5）交通条件。交通功能的模糊评价值从0.802下降为0.498，下降了37.88%，下降幅度很大。保障房社区居民入住前，多居住在老旧社区，虽然比较破旧，但是社区附近公共交通非常方便，交通条件相对良好；入住保障房社区后，由于地理位置比较偏远，距离公交站点的距离相对要远，公交的车次也明显稀少，交通条件变得不方便。交通条件也是被保障对象在决定是否申请保障房的一个非常重要的因素。如洪山区和平街有大量住房困难户，但公租房位于南湖，如果入住该公租房将面临交通、时间成本很高的问题，他们因此放弃了申请。调查还发现，居民对公共汽车非常依赖，通过轻轨出行的频数很少，表现为公共汽车的重要性指数即权重（0.159）远大于轻轨的权重（0.018），这里面除了方便的因素，价格也是一个很重要的原因。

（6）心理状况。在组成被保障对象福利的6个功能指标中，保障房社区居民心理状况上升非常显著。发展功能增长幅度仅次于居住条件，模糊评价值从0.245上升到0.771，上升率为214.33%，上升非常显著。其中，安全指标增长最为显著，调查中发现，89%的居民认为自己现在居住的小区安全状况比以前要好很多，这是由于居民之前要么居住的治安环境比较混乱，要么自己临时性租住，因为不稳定而缺乏安全感。

从各功能和能力指标变化的横向对比看，被保障对象入住保障房社区前后的居住条件、心理状况有了令人满意的巨大改善，但其他指标均有不同程度的恶化。其中，教育条件稍有下降，而生活条件和交通条件的下降率均达到了40%左右，这两个指标的大幅下降都和保障房的选址比较偏远有比较明显的关系，生活条件的下降还和公共设施的不完善密切相关。就业条件的下降除了距离工作机会的距离发生了变化，还有被保障对象自身人力资本较低的原因。

三、结论与启示

本节在森的功能和能力福利理论基础上提出保障房社区居民福利的评价指

标体系，测算了居民入住保障房社区前后福利水平的变化程度。研究发现，入住保障房社区后，福利水平模糊评价值从0.466上升到0.516，被保障对象福利水平有所提高，但提升率只有10.58%，提升的程度还不够大，应该来说还没有达到政府预期的目标。

究其原因，首先，公租房选址较偏或者太集中是被保障对象福利的增加幅度较小的重要原因；其次，保障房社区公共设施的不完善也是目前保障房满意度不高的重要因素；最后，被保障对象的福利水平整体较低还和他们的人力资本较低有关。一方面，在以后的保障房建设中，规划选址应该偏重住房困难家庭更多的区域，同时尽量建在市区或用工量大的地方，让被保障对象乐意去住。其实，也可以考虑设立公租房租赁公司，在全市空置房中搜索合适房源，满足不同人士的需要。另一方面，为进一步提高生活质量，加强保障房小区的公共服务设施建设也是保障房建设的一个重要方面。政府还应该加强对低收入居民的再教育培训投入以提高其人力资本，增加其就业机会和未来的福利水平。

第二节　考虑分布不平等的保障房建设福利效应测度研究[①]

在第一节，本书构建了迁居保障房社区居民福利的功能性活动和评价指标体系，通过武汉市保障房的实证研究发现，虽然被保障对象总体福利水平有所上升，但是上升的幅度偏小。为进一步提高这一群体的福利水平，保障房应选址在市区就业机会多的地方。

关于社会福利指数构造和测度，学界的讨论和应用相对较多。理论上，杨缅昆（2009）对森所构造的福利指数的理论渊源及其局限性进行了探究，对国内学者所构造的社会福利指数进行了评析，指出其方法论上的缺陷，并就社会

① 李梦玄、周义：《考虑分布不平等的保障房建设福利效应测度研究》，载《当代经济》2016年第36期。

福利指数构造的理论和方法论框架提出了新看法[①]。何强等（2009）综述了国内外福利测度的方法主要分为三类：基于国民经济核算体系及其扩展的单一指标测度方法、基于生活质量和社会发展的指数测度方法和基于生活满意度的测度方法[②]。应用上，高进云等（2007）提出了构成农民福利的六维功能性指标，通过模糊评判方法对农地城市流转前后的农民福利变化的衡量发现，若仅对失地农户进行货币补偿，则农户在失地后的福利水平将大幅降低[③]。徐烽烽等（2010）构造了类似的四维福利指数发现，“土地换保障”后农户总体福利水平明显提高，若在货币补偿外还提供较好的社会保障，则农户在失地后的福利水平将进一步上升[④]。余谦等（2011）基于收入分配与公平、医疗保障、教育文化、农业生产四个子系统构造了中国农村社会福利指数，通过 1994～2008 年的中国农村社会福利指数的实际测算发现，教育文化和医疗保障对中国农村社会福利水平影响最大[⑤]。可见，国内大部分研究都是基于阿玛蒂亚·森的“可行能力方法”理论，通过构造多维福利指数，将各维度数据的算术均值加权平均组合成整体福利。

这种构造方法，实际上，存在如下缺陷：（1）由于各维度指标均以算术均值为表征，忽略了各维度数据实际的偏态分布，也就忽略了数据分布的不平等对福利的影响，导致对福利的测度产生偏差。（2）整体社会福利指数由各维度福利线性组合而成，这意味着各维度福利可以完全相互替代（Klugman，2010），而事实上并非如此。（3）这种方法构造的福利指数只能测度出福利的平均值或平均变化，不能测度研究对象的福利分布或分布变化。福利分布是收敛了还是发散了？数据不平等造成的福利损失是多少？是增大了还是减少了？因此，要想准确测度研究对象整体福利水平、福利分布的大小或变化，必须考虑不平等的影响。

本书拟以迁居保障房社区的居民为研究对象，针对被保障对象的群体特点，根据森的功能和能力福利理论，提出被保障对象的福利构成，并且借鉴塞斯的

① 杨缅昆：《社会福利指数构造的理论和方法初探》，载《统计研究》2009 年第 7 期。
② 何强、吕光明：《福利测度方法的研究述评》，载《财经问题研究》2009 年第 7 期。
③ 高进云、乔荣锋、张安录：《农地城市流转前后农户福利变化的模糊评价——基于森的可行能力理论》，载《管理世界》2007 年第 6 期。
④ 徐烽烽、李放、唐焱：《苏南农户土地承包经营权置换城镇社会保障前后福利变化的模糊评价——基于森的可行能力视角》，载《中国农村经济》2010 年第 8 期。
⑤ 余谦、高萍：《中国农村社会福利指数的构造及实测分析》，载《中国农村经济》2011 年第 7 期。

广义均值双参数福利测度模型，构造能真实反映被保障对象福利水平的社会福利指数；然后，基于武汉市主城区322户被保障对象的调查数据，实证分析被保障对象迁居前后真实社会福利考虑分布不平等的保障房建设福利效应测度研究水平及福利分布的变化，以期提出更有针对性的建议。

一、保障房社区居民真实社会福利指数构建

（一）被保障对象真实社会福利指数的构建

森（1974）最早在单一维度上考虑分布不平等，提出了以“收入”为基础，考虑分配不平等影响的国民福利计算公式：

$$W_S = RY(1 - G) \tag{6.3}$$

其中，W_S 为森福利指数；RY 为人均国民实际收入；G 为基尼系数。

希克（Hick，1997）借鉴森（1974）的思想，首次尝试在多维福利测度中考虑分布不平等的影响，提出了如下形式的福利测度模型：

$$W_{Hi} = \mu(S(h_{.1}),\ S(h_{.2}),\ \cdots,\ S(h_{.d})) \tag{6.4}$$

$$S(h_{.d}) = \mu(h_{.d})[1 - G(h_{.d})]$$

其中，$h_{.d}$是第 d 维度上依样本的数据分布；$G(h_{.d})$ 是数据分布$h_{.d}$的基尼系数；μ 为算术均值函数。Hick 的模型 W_{Hi}具备对“分布不平等”敏感的特性，但是对“关联不平等”不敏感。另外，W_{Hi}违反了“子群一致性原则”，也就是说，有可能部分研究对象的维度福利水平或分布发生变化，但是总体福利的测度并没有变化。

塞斯（Seth，2009）在阿特金森（Atkinson）的广义均值不平等理论基础上，构造了一种新的双参数多维福利测度模型：

$$W_{ss} = \mu_\gamma(\mu_\beta(h_{1.};\ a),\ \cdots,\ \mu_\beta(h_{N.};\ a),\ \bar{a}) \tag{6.5}$$

其中，μ_γ，μ_β 分别代表指数为 γ 和 β，且满足 $\gamma < \beta < 1$ 的广义均值函数，公式表达为：

$$\mu_\gamma(x;\ a) = \begin{cases} \left(\sum_{m=1}^{M} a_m x_m^\gamma\right)^{1/\gamma} & \gamma \neq 0 \\ \prod_{m=1}^{M} x_m^{a_m} & \gamma = 0 \end{cases} \tag{6.6}$$

其中，a 为权重分布向量，$h_{i\cdot}$ 是（1，…，N）样本向量中第 i 个向量依维度的数据分布。塞斯的模型完全满足构建多维福利指数的所有基本准则，而且它同时对分布不平等、关联不平等敏感。

本书针对被保障对象的群体特点，提出被保障对象的福利包括居住条件、公共服务设施条件、就业环境、交通条件和心理状况。具体指标体系见表 6-4。然后，借鉴塞斯的一般模型，同时参考部分学者（Pirttilä，2010）[①] 等对模型参数的研究，不失一般性，令 $\gamma = -1$ 且 $\beta = 0$，则表征被保障对象真实社会福利水平的福利指数 W_{en-r} 为：

$$W_{en-r} = \left[\frac{1}{N}\sum_{i=1}^{n}(w_i)^{-1}\right]^{-1} = \left[\frac{1}{N}\sum_{i=1}^{n}\left(\prod_{j=1}^{m}h_{ij}\right)^{-\frac{1}{m}}\right]^{-1}$$

$$= \left[\frac{1}{N}\sum_{i=1}^{n}(Res_i \times Pub_i \times Emp_i \times Tra_i \times Psy_i)^{-\frac{1}{5}}\right]^{-1} \quad (6.7)$$

其中，w_i 是由 N 个研究对象构成的 N 维社会福利分布（w_1，…，w_N）中第 i 个被保障对象的社会福利指数；向量（h_{i1}，…，h_{im}）为被保障对象 i 在构成其社会福利 w_i 的 m 维维度福利的数据分布；Res_i、Pub_i、Emp_i、Tra_i 和 Psy_i 分别代表被保障对象 i 在居住条件、公共服务设施条件、就业环境、交通条件和心理状况等五个维度上的维度福利。必须注意的是，式（6.5）转化成式（6.7）的前提条件是 μ_γ 中的权重都相等，即向量 $a = \bar{a} = 1/m$，这就意味着五个维度的权重是相同的。鉴于 μ_γ 中权重不相同将使公式（6.7）变得非常复杂，同时根据李梦玄等（2012）研究发现对于低收入人群来说，这五个维度福利都很重要，各维度权重非常接近，所以本书合适的假定五个维度的权重相等，只考虑二级指标间的权重差异。

（二）福利损失率

维度福利的不平等将降低福利水平，而传统的以均值为基础、线性组合而成的福利指数 W_{u-u} 是忽略了不平等影响的理想值，显然也是考虑了不平等影响的福利指数 W_{en-r} 的最大值，因此，由不平等造成的福利损失率 A_X 可表达为：

$$A_X = 1 - \frac{W_{en-r}}{W_{u-u}} \quad (6.8)$$

① Pirttilä，J. and R. Uusitalo A ‘Leaky Bucket’ In The Real World：Estimating Inequality Aversion Using Survey Data，*Economica*，2010：60-76.

（三）五个维度福利指标的具体构成

1. 居住条件

保障房是政府为了解决城市中低收入家庭住房困难而修建的普通住宅，有社会公共福利和住房社会保障的性质。由此可见，居住是保障房福利的首要组成部分。城市居民的居住条件包含居住形式改造、居住环境改善和居住区位选择三个层次，如合理居住面积保障、基本居住功能实现、城市基础设施完善、居住公共环境改善和适当居住方式获取等，这些指标的功能主要是满足居民居住的舒适性要求。对于被保障对象来说，他们通常更关注居住条件的基本层面，因此，本书将被保障对象 i 的居住福利指数（Res_i）定义为人均居住面积（Are_i）、住房质量（Qua_i）和配套基础设施（Inf_i）的函数，表达为：

$$Res_i = Are_i^{a_{11}} \times Qua_i^{a_{12}} \times Inf_i^{a_{13}} \tag{6.9}$$

其中，a_{11}、a_{12}和a_{13}分别是居住条件维度下各二级指标即人均居住面积、住房质量和配套基础设施的权重，当 $a_{11} = a_{12} = a_{13} = 1/3$ 时，上式就简化为简单几何平均，以下类推。

2. 公共服务设施条件

城市公共服务设施主要包括以商贸市场为主导的商业商贸设施、以基础教育为主导的教育设施、以社区医院的建设和完善为主导的医疗设施和以社区活动场地建设为主导的文体娱乐设施等。这些设施的主要功能是为居民提供便利的生活条件。具体到被保障对象，本书选取商业设施（Com_i）、运动设施（Spo_i）、教育设施（Edu_i）和社区卫生站（Med_i）作为反映社区公共服务设施条件（Pub_i）的二级指标，函数表达为：

$$Pub_i = Com_i^{a_{21}} \times Spo_i^{a_{22}} \times Edu_i^{a_{23}} \times Med_i^{a_{24}} \tag{6.10}$$

3. 就业环境

对于被保障对象来说，他们无力自己改善住房条件的根本原因主要是他们的家庭收入太低。国家给这些家庭提供保障房，如果能在解决他们住有所居问题、改善其居住条件的同时，还能改善他们的就业环境、增加他们的收入，那么就能使他们适时的摆脱贫困，不再需要政府的帮助和救济，实现真正的自我发展。可见就业环境也是被保障对象社会福利非常重要的组成部分。

居民的劳动就业需求主要集中在就业领域保障和就业地域分布两个方面。对于被保障对象来说，在就业领域上更多的是指适合低收入人群的低端服务业、劳动密集型产业，而就业地域分布上主要是靠近居住地的、交通便捷的工作场所。本书因此选取与第二产业如工业园的接近距离（Sec_i）、与第三产业如低技能服务业的距离（Thi_i）作为被保障对象就业环境（Emp_i）的基本指标，函数表达为：

$$Emp_i = Sec_i^{a_{31}} \times Thi_i^{a_{32}} \tag{6.11}$$

4. 交通条件

城市交通这里主要指的是内部交通。现代城市一般以公共汽车、电车、地铁和私家车等为主要交通工具，其中公共交通工具有载量大，运送效率高，能源消耗低，相对污染小和运输成本低等优点。对于被保障对象而言，他们的交通方式可能更多的是价格便宜的公共交通，交通条件需求则主要集中在公共交通的便捷性和可达性上。如果保障房距离工作地点太远，他们每天可能要支付更多的交通费用，同时城市的交通拥堵很可能延长他们的通勤时间，交通产生的经济、时间成本都会直接减损被保障对象的福利水平。本书因此选取与城市公共交通的关系（Bus_i）、与城市道路系统的关系（Rai_i）作为被保障对象交通条件（Tra_i）的基本指标，函数表达为：

$$Tra_i = Bus_i^{a_{41}} \times Rai_i^{a_{42}} \tag{6.12}$$

5. 心理状况

根据马斯诺的需求层次理论，每个人除了需要收入、住房等来满足基本的生存与安全需求外，还有社交、尊重和自我实现等心理需求。和收入相比，快乐、心理满足这些更高层次的社会性需求，可以说同等重要的影响每个家庭、每个人的福利水平。对于被保障对象来说，社区治安状况影响他们社区生活的质量，社区的管理和人际关系的变化影响他们对社区的归属感，这些都影响他们自我福利的感知。因此，本书选取社区安全（Sec_i）、邻里关系（Nei_i）两个指标来反映其心理状况（Psy_i），函数表达为：

$$Psy_i = Sec_i^{a_{51}} \times Nei_i^{a_{52}} \tag{6.13}$$

二、保障房社区居民迁居前后福利变化的实证研究

（一）研究区域与数据说明

武汉市是全国最早进行保障房建设的城市之一，其历年的保障房建设都位居全国前列。2012 年，武汉市的保障房目标是开工建设保障房 10.79 万套，竣工保障房 5.8 万套，建设总量再次位居 15 个副省级城市之首。本书组于 2012 年 12 月以武汉市中心城区（包括江岸区、江汉区、硚口区、汉阳区、武昌区、青山区、洪山区 7 个区）的保障房小区作为调查区域，按照保障房社区的数量和规模比例分配调查问卷，然后对保障房小区的居民进行随机问卷调查或入户访谈，发放问卷 350 份，经收回整理，有效问卷为 322 份，有效率达到 92%，调查数据的平均值见表 6－2。

（二）各功能指标赋值标准的说明

在对福利进行评估时，所研究的指标有时无法得到连续的量化数据，而只能由研究对象对其进行不同程度的主观评价，这就是虚拟变量。例如本书在对所有二级指标进行评价时，根据研究对象对指标的满意度分别设置了很好、较好、一般、较差和很差这 5 种状态。然后，参照李克特（Likert）标度法为这 5 种状态依次等距赋标准化数值为 1、0.75、0.5、0.25 和 0，值越大表示福利状况越好。各二级指标评价的评判标准列于表 6－4，具体说明如下。

表 6－4　保障房社会福利指标构成和评估标准体系

指标	很好	较好	一般	较差	很差
居住条件					
人均居住面积	>24	20～24	16～20	8～16	<8
住房质量	没有任何问题	一次性全修好	2～3 次修好	4～5 次修好	反复修不好
配套基础设施	除了检修不停	很少停水电气	偶尔停水电气	停水电气较多	经常停水电气

续表

指标	很好	较好	一般	较差	很差
公共服务设施条件					
商业设施	步行5分钟可达	步行10分钟可达	步行15分钟可达	步行20分钟可达	步行超20分钟可达
运动设施	同上	同上	同上	同上	同上
教育设施	自行车5分钟	自行车10分钟	自行车15分钟	自行车20分钟	超20分钟
医疗设施	同上	同上	同上	同上	同上
就业环境					
与第二产业距离	临近，自行车10分钟可达	自行车20分钟可达	公交20分钟可达	公交40分钟可达	公交40分钟不可达
与第三产业距离	同上	同上	同上	同上	同上
交通条件					
与公交的关系	步行5分钟	步行10分钟	步行15分钟	步行20分钟	步行超20分钟
与轻轨的关系	同上	同上	同上	同上	同上
心理条件					
安全性	从未被盗	很少被盗	偶尔被盗	被盗较多	经常被盗
邻里关系	经常来往	来往较多	偶尔来往	很少来往	从不来往

（1）居住条件中，建设部颁布的2020年全面建设小康社会的城市居民人均住房建筑面积设定为30平方米，不过对被保障对象的调研发现，由于被保障对象的群体特点，人均住房面积超过24平方米就感到非常满足，所以认定24平方米为被保障对象人均住房面积的最大值标准。武汉市市民申请配租廉租房的住房面积“门槛”是家庭人均建筑面积8平方米以下，所以认定低于8平方米是被保障对象人均住房面积的最小值标准。

住房质量以漏雨渗水、墙体开裂、电梯故障等问题的多少和严重程度为衡量标准。没有任何质量问题的评价为很好，各种问题一次性完全修好的评价为较好，两到三次、四到五次才全部修好的分别评价为一般、较差，超过五次才修好或者还修不好的评价为很差。

配套基础设施以水电气缺停的频率为衡量标准，除了检修从来不停的评价为很好，很少停水电气（一月一次）、偶尔停水电气（一月两到三次）的分别评价为较好、一般，停水电气比较多（一月三到四次）的评价为较差，经常停水电气（一月超过四次）评价为很差。

（2）公共服务设施条件中，菜场、银行等商业设施和基本运动设施以步行所需的时间为衡量标准，步行5分钟、10分钟、15分钟、20分钟可达的分别评价为很好、较好、一般和较差，步行超过20分钟才能到达的评价为很差。

教育设施如小学和幼儿园与医疗设施如社区卫生站则以骑自行车到达需要的时间为衡量标准，骑自行车5分钟、10分钟、15分钟、20分钟可达的分别评价为很好、较好、一般和较差，骑自行车20分钟还不能到达的评价为很差。

（3）就业环境中，与第二产业如工业园的接近距离、与第三产业如低技能服务业的距离均以骑自行车或者乘坐公交到达工作地点所需的时间作为衡量标准，骑自行车10分钟、20分钟可达的分别评价为很好和较好，乘公交20分钟、40分钟可达的分别评价为一般和较差，乘公交40分钟还不能到达的评价为很差。

（4）交通条件中，与城市公交的关系、与地铁轻轨的关系均以步行到达交通站点所需的时间为衡量标准，步行5分钟、10分钟、15分钟、20分钟可达的分别评价为很好、较好、一般和较差，步行超20分钟才能到达的评价为很差。

（5）心理条件中，安全性以整个保障房小区每年发生偷盗事件的次数为评价标准，从来不发生偷盗事件的评价为很好，很少发生偷盗事件（一年一次）、偶尔发生偷盗事件（一年两到三次）的分别评价为较好、一般，发生偷盗事件较多（一年三到四次）的评价为较差，经常发生偷盗事件（一年超过四次）评价为很差。

邻里关系同样以日常生活中交往的次数作为和谐程度的评价标准，经常来往（一月超过四次）的评价为很好，来往较多（一月三到四次）的评价为较好，偶尔来往（一月两到三次）的评价为一般较差，很少来往（一月一次）的评价为较差，从不来往的评价为很差。

以 x_{jk} 表示第j个维度下第k个二级指标的评价值，各指标的平均值统计量见表6－3。各二级指标的权重 a_{jk} 通过专家调查法（这里的专家就是调查对象）获得。

（三）实证的结果及分析

本书实证的计算步骤如下：首先按照李梦玄等（2012）的传统方法计算

W_{u-u}，然后按照式（6.9）~式（6.13）分别计算各维度福利的赋权几何平均值 W_{g-g}，按照式（6.8）计算维度福利损失率 A_x^d，最后按照式（6.7）计算整体福利水平 W_{en-r}，按照式（6.8）计算整体福利损失率 A_X。实证的结果具体分析如下。

1. 整体福利的实证分析

表6－5给出了被保障对象迁居前后整体福利水平的两种模型测度，以及由不平等造成的被保障对象整体福利损失率的变化。由表6－5可知，在整体福利水平方面，传统模型 W_{u-u} 迁居前后的测度结果分别为0.4437和0.4871，而新模型 W_{en-r} 的测度结果分别为0.3693和0.4145，后者总是显著小于前者，这是因为 W_{u-u} 反映的只是被保障对象福利的平均水平，而 W_{en-r} 则是综合考虑了被保障对象福利分布变化的影响，包括指标内分布影响和指标间的关联影响的真实福利测度。

表6－5　迁居前后被保障对象的整体社会福利水平及福利损失率

	W_{u-u}	W_{en-r}	A_X
迁居前	0.4437	0.3693	16.78%
迁居后	0.4871	0.4145	14.90%
变化率	上升9.77%	上升12.24%	

在被保障对象福利变化的程度上，新模型 W_{en-r} 测度被保障对象迁居前后的福利水平上升率为12.24%，显著大于传统模型 W_{u-u} 测度的福利指数变化率9.77%，这是因为迁居前后不平等因素对福利测度的影响程度不同。事实上，从表6－5可知，在迁居后不平等造成的福利损失率 A_X 由16.78%下降至14.90%，这表明迁居后，被保障对象整体福利分布的均匀性有所改善。

不管是传统模型 W_{u-u} 还是新模型 W_{en-r} 都显示被保障对象迁居前后的福利水平都有一定程度的提升，说明被保障对象的整体社会福利因为迁居而得到改善。不过也可以看到，被保障对象迁居后的福利水平提升幅度有限，和预期有一定差距。

总之，第一，新的模型比传统模型更全面、更准确地测度了迁居对被保障对象社会福利的影响；第二，迁居后被保障对象的社会福利有所改善，但还不够理想。

2. 各维度福利的实证分析

表6－6列出了被保障对象在迁居前后各维度福利的两种模型测度 W_{u-u} 与 W_{g-g} 以及维度不平等损失率 A_x^d。从表6－6可以看出，各维度福利评价和维度不平等损失率在迁居前后的变化呈现显著的差异性，具体分析如下。

（1）居住条件。

对于那些入住保障房社区的居民，原来居住大多非常拥挤，或者住房年久失修、基础设施老化，经常出现漏雨渗水等质量问题，这些都严重影响了他们的生活质量。而保障房小区是统一规划和建设的，设施齐全，所以居住条件大为改善。由表6－6可知，入住保障房社区后，被保障对象在居住条件维度上的平均福利指数，从之前的0.192上升至现在的0.659，福利水平有非常显著的提高，是原来的三倍多。但是，考虑分布不平等的迁居前后居住条件福利水平分别下降为0.191和0.538，新模型测度的居住条件福利水平迁居前后变化缩水。其主要原因是被保障对象在该维度上福利分布的不平等急剧加大，维度福利损失率 A_x^d 从入住前的3.53%上升至入住后的18.42%。这说明被保障对象之前的居住条件普遍较差，入住保障房社区之后的居住条件总体改善显著，但是具体的改善幅度趋向发散，有的改善了很多，有的改善还不够理想。

从组成被保障对象居住条件福利维度的次级指标，可以找到更具体的原因。虽然迁居后三项指标都明显上升，但是最让被保障对象满意的还是居住面积的巨大改善，人均住房面积的模糊评价值从0.178大幅上升到0.841。有些家庭从企业下岗多年，两代甚至三代人挤住在一间20～30平方米的小屋里，迁居后则住进了面积是原来好几倍、宽敞明亮的新房，为此他们感到特别满足。

表6－6　迁居前后维度福利指数和维度福利损失率

各级指标	权重	迁居前			迁居后		
		W_{u-u}	W_{g-g}	A_x^d	W_{u-u}	W_{g-g}	A_x^d
居住条件		0.192	0.185	3.53%	0.659	0.538	18.42%
人均居住面积	0.350	0.178	0.172	3.56%	0.841	0.811	3.57%
住房质量	0.312	0.210	0.203	3.48%	0.547	0.428	21.76%
配套基础设施	0.338	0.190	0.183	3.53%	0.575	0.449	21.91%

续表

各级指标	权重	迁居前			迁居后		
		W_{u-u}	W_{g-g}	A_x^d	W_{u-u}	W_{g-g}	A_x^d
公共设施条件		0.633	0.614	6.35%	0.422	0.395	6.41%
商业设施	0.345	0.747	0.698	6.54%	0.345	0.329	4.57%
运动设施	0.109	0.302	0.287	4.99%	0.544	0.481	11.58%
教育设施	0.281	0.572	0.545	4.72%	0.503	0.486	3.40%
医疗设施	0.265	0.686	0.656	4.37%	0.387	0.376	2.78%
就业环境		0.411	0.330	19.75%	0.350	0.328	6.12%
与第二产业距离	0.361	0.124	0.117	5.64%	0.498	0.465	6.63%
与第三产业距离	0.639	0.573	0.526	8.20%	0.266	0.260	2.13%
交通条件		0.728	0.697	4.28%	0.254	0.245	3.64%
与公交的关系	0.808	0.804	0.771	4.10%	0.255	0.251	1.57%
与轻轨的关系	0.192	0.406	0.395	2.71%	0.249	0.242	2.81%
心理条件		0.255	0.246	3.53%	0.750	0.725	3.28%
安全性	0.601	0.218	0.212	2.92%	0.821	0.793	3.42%
邻里关系	0.399	0.311	0.299	3.89%	0.644	0.630	2.09%

住房质量、配套基础设施的评价值分别从0.210和0.190上升到0.547和0.575，平均也改善了不少，但不如居住面积那么显著，特别是这两个指标内因为分布不均匀造成的福利损失率 A_x^d 高达21.76%和21.91%。究其原因，主要是在保障房的快速建设中，质量参差不齐、好坏不均的现象非常普遍。如武汉市硚口区保障房项目Z交房后，不少住户发现住房存在墙体开裂、房间漏水、砂浆脆裂等质量问题。2012年，武汉市组织对2006年以来已交付使用的79个保障房项目、共786栋89 187套房屋的质量情况进行了排查，确定了50个项目存在渗、漏、裂等质量问题。更有作为武汉市最大的洪山区保障房项目Q，从2008年交付以来，因为“水电气路”一直不通而被形容为“城市孤岛”。

可以说，正是住房质量和配套基础设施的良莠不齐，使得这些指标的总体水平不太高，从而使被保障对象的居住福利大大缩水。

（2）公共服务设施条件。

由表6－6可知，保障房社区居民公共服务设施条件的福利指数在迁居后从0.633下降到0.422，下降率为50%，表明被保障对象在该维度的福利水平下降幅度很大。同时，公共服务设施维度的福利损失率 A_x^d 在迁居前后分别为6.35%和6.41%，表明在该维度上被保障对象福利分布的均匀性没什么变化，大部分被保障对象的公共服务设施条件相对于迁居以前并没有改善，而是恶化。

从构成公共服务设施条件的次级指标变化发现，除了因为统一规划保障房小区建设了相应面积的花园和运动场使得运动休闲设施指标从0.302上升到0.544，运动设施条件有所改善之外，其余指标包括商业设施、教育设施和医疗条件均有不同程度的下降。一方面，从各指标的维度福利损失率发现，运动设施的不均匀损失率从入住前的4.99%上升到11.58%，上升明显，这说明运动设施条件虽然改善了，但是不均匀性却增加了，保障房社区运动设施条件改善不均。另一方面，商业设施、教育设施和医疗设施指标的维度福利损失率都减小了，这说明迁居后，这三个指标的差异性减小，大部分保障房社区的商业设施、教育设施和医疗条件都在大幅度地下降。可见，商业、教育和医疗条件普遍性地大幅下降，导致了被保障对象公共服务设施维度福利的整体下降。

事实上，多数选址偏远的保障房社区存在着公共服务设施配套不完善的现象。据政府报道，武汉市2012年90个在建的保障房项目，其中28项的配套设施都不完善，小到水、电、气不通，大到周边学校、医院和商业圈等公共设施欠缺。调查发现居民普遍反映社区公共设施较少，有的甚至缺乏与日常生活息息相关的菜场、超市和餐饮设施等商业服务设施。公共服务设施缺乏首先给居民带来买菜难、买日常用品难的生活困扰，同时也给居民带来上学难、就医难的烦恼。有些保障房小区因为附近没有小学，孩子上学路途遥远，社区的居民选择空置保障房，不去住。

对于保障房对象来说，食品蔬菜和日常用品等基本生活费用在他们的支出中占比更大，所以居民对商业设施尤其是大型菜场、便民超市的依赖性很强。在对居民需求的公共服务设施排序调查中也发现，生活中他们首先最需要的设施是集市，表现在商业设施的权重0.345显著大于其他二级指标；其次是幼儿园、中小学设施，因为他们深知学习对于孩子未来发展的重要性；再次是社区医院等医疗设施，因为保障房社区居民中老年人和小孩较多；最后是运动和其他设施，因为他们可能没有时间去关心、使用这些设施。

（3）就业环境。

由表6－6可知，保障房社区居民的就业环境福利指数在迁居后从0.411下降到 0.350，下降率为 14.84%，表明被保障对象在迁居前后，就业环境有一定幅度的下降。同时，该维度福利损失率 A_x^d 也由 19.75% 也下降至 6.12%，下降明显，表明被保障对象迁居前后就业条件福利分布的不均匀性减小。总体来说，迁居后被保障对象就业环境普遍恶化，令人担忧。

从被保障对象就业条件福利维度次级指标的变化发现一个值得关注的现象，就是就业环境二级指标迁居前的指标内不均匀系数都比较低，但是该维度指标的福利损失率却高达 19.75%，其中的原因就是二级指标之间的不均匀性很大，关联不平等造成的福利损失大。调查中发现低收入群体存在如下普遍特征：文化水平较低，很多人从事专业技能要求较低的服务业和零售业，就业率的高低严重依赖于第三产业工作机会的多寡和远近。在迁居之前，被保障对象大多在老城区有一份邻近居住地的工作。现在，他们为改善住房条件选择入住保障房，但是因为保障房小区选址偏远，距离第三产业的距离显著增加，本来就受限制的就业机会变得更少了。一般来说，他们在新居所附近找不到合适的工作，所以大多数人没有变换工作，还在原来的岗位工作，结果是“职住分离”，也就是所谓的“居住—就业失配”。居住—就业严重失配导致他们上班路途遥远，通勤时间很长，上班非常麻烦；同时通勤费用增加，导致他们净收入的直接减少。

还有一部分家庭发现他们距离工业园的距离缩短了，不过他们的工作机会并没有增加。原因是部分被保障对象年龄较大，缺乏技术，无法胜任工业园的就业岗位。这说明除了距离工作机会的远近对就业产生影响之外，居民的人力资本偏低是其就业机会少的更深层原因。

总体来说，由于被保障对象的群体特征，他们的就业环境本来就不利，而迁居后就业环境更是普遍的恶化。被保障对象之所以要靠政府解决住房问题，根本原因是家庭收入太少，但是如果这些家庭的就业条件不改善，收入就不能增加，就不能真正地脱贫，可能永远弱势，这是个政府必须高度重视的问题。

（4）交通条件。

被保障对象迁居前后的交通条件发生了较大的变化，由表 6－6 可知，该维度的福利指数在迁居后从 0.728 下降到 0.254，下降率为 65.11%，表明其交通条件下降非常明显。同时，维度福利损失率 A_x^d 迁居前后分别为 4.28% 和 3.64%，有所下降，这说明被保障对象迁居后的交通条件福利分布趋向收敛、更加均匀，迁居之后的交通条件普遍较差，他们的交通条件福利呈现普遍恶化的态势。

从组成被保障对象交通条件的次级指标变化发现，二级指标在迁居前后的评价值分别从0.804和0.406变成0.255和0.249，都呈现出明显的下降，指标内的不均匀系数前后都比较低，表明交通条件各方面都普遍性的下降。调查显示，保障房社区居民出行的主要方式是骑自行车或者电动车，其次是乘公交车，几乎不会乘坐出租车。他们的出行非常依赖于公共交通。在迁居前，他们大多居住在老旧社区，那里虽然比较破旧，但是距离公交站点近，公交车次多，出行很方便，交通条件良好；而在他们迁居后，由于地理位置比较偏远，距离公交站点较远，公交车次也明显稀少，出行有时还要转车，交通条件变得很不方便。

由于保障房小区的数量有限和区位单一，被保障对象的住房选择呈现都明显的被动性。但即使如此，被保障对象在决定是否选择保障房的时候，交通条件仍是非常重要的考虑因素。如2011年底，武汉市洪山区和平街的住房困难户，当时他们可选的保障房小区位于南湖，如果入住该小区将面临交通费用、时间成本很高的问题，很多因此放弃了申请。还有的则是申请了保障房，但是并不真正入住，耐心等待交通条件的改善。这样的结果是保障房一定程度上的空置。据报道，武汉市保障房的空置率高达20%。政府一边花大力气建设保障房，一边却是保障房空置，这无疑是巨大的浪费。

（5）心理状况。

由表6-6可知，保障房社区居民在心理状况维度上的福利指数从入住前的0.255上升至入住后的0.750，几乎是原来的三倍，福利水平有非常显著的提高；同时，被保障对象迁居前后在该维度上的福利损失率A_x^d分别是3.53%和3.28%，变化很小，福利分布的不均匀性在迁居前后都比较小。这说明保障房社区居民迁居前的心理状况福利普遍较差，迁居后的心理状况福利水平则普遍较高，居民心理状况呈现普遍性的改善。

从组成被保障对象心理状况福利的次级指标变化发现，安全性满足和邻里交往都得到巨大的提升。首先，安全性满足增长最为显著。这是因为被保障对象之前居所环境比较混乱，或者因为是临时租住而缺乏安全感，现在则感觉踏实稳定、安全感倍增。其次，邻里交往改善也很明显。调查发现，被保障对象日常交往的对象主要是邻居及家人亲戚，然后是单位同事，其余的交往很少。

被保障对象的交往圈子单一，邻里关系和好，来往频繁，表现出很强的地缘和亲缘关系。这其中的原因主要有，由于居住条件的显著改善，被保障对象总体心理需求得到巨大的满足（虽然还有一些条件不尽如人意），他们对现在的生活感到满足，对未来充满美好的期望。另外，被保障对象因为邻里间的物质禀赋、社会属性相近，没有差别巨大时可能受到的阶层歧视，所以他们都乐意邻里间轻松的交流来往。

从各维度指标变化的横向对比看，总体来说，被保障对象迁居后的居住条件、心理状况呈现令人惊喜的巨大改善，而其他指标均表现出不同程度的恶化。其中，就业条件稍有下降，而公共设施条件和交通条件的下降率均达到了 50% 左右。本质上来说，这三个指标的下降都和保障房的选址比较偏远有比较明显的关系。正因为保障房区位比较偏远，被保障对象离适合他们的工作机会距离变远，就业条件变差；也正因为保障房选址偏远，被保障对象不能和区位较好的商品房社区共享公共设施条件和交通设施，他们的公共设施条件和交通条件的建设和完善还需要政府再筹集资金投入，而政府的资金本来就捉襟见肘，短时间无法满足这些条件的改善，结果是这两方面条件明显恶化。

在我国，城市中心的土地资源具有极端的稀缺性和高价值性，保障房选址一般会在地价相对便宜的城市外围或郊区。然而，对于被保障对象来说，尤其是相对于商品房社区居民来说，他们对公共交通、公共设施的依赖性无疑更强（从某种程度上来说居住区位比住房条件可能还要重要），并且公共交通、公共设施对他们产生的边际效用也更大。远离就业中心与交通中心，意味着就业机会减少，交通成本增加，生活负担加重。迁居后就业、上学、医疗、交通等方面受到的损失大大抵消了他们住房环境的改善，他们的生活水平并没有充分的提高。因此，保障房集中建在郊区，既浪费了国家资源，又起不到保障的作用，同时牺牲了市场的效率，既减少了生产者的利润，也损失了消费者的效用。对该保障的人群并不适用，反倒吸引了一些有私家车的高收入者入住，出现富人挤占穷人福利资源的奇怪现象。

三、结论与建议

本书基于塞思的广义均值双参数模型，构造了一种同时考虑维度不平等与维度权重等影响的，以居住条件、公共服务设施条件、就业环境、交通条件和心理状况为代表的多维福利指数，测算了入住保障房社区居民迁居前后福利水平和分布不均匀性的变化程度，研究结论如下：

（1）由各维度算术均值线性组合而成的传统福利指数 W_{u-u}，测度的是平均化的“理想”值，总是高估研究对象的社会福利。本书基于广义均值双参数模型构造的社会福利指数 W_{en-r}，同时考虑分布不平等与关联不平等的影响，能更准确、更全面地反映被保障对象的社会福利。

（2）在整体社会福利方面，被保障对象迁居后的整体福利水平有所提高，但提升率只有 12.24%，福利改善的程度有限，应该来说还没有达到政府的预期目标。被保障对象迁居后不平等造成的福利损失率下降，说明被保障对象整体福利分布趋向收敛，分布的均匀性总体有所改善。

（3）在各维度福利方面，各维度福利水平和福利分布的改变都呈现分化的态势。就福利水平而言，被保障对象迁居后只有居住条件、心理状况改善显著，而其余三个维度包括公共服务设施条件、就业条件和交通条件都表现出不同程度的恶化，其中，就业条件稍有下降，而公共设施条件和交通条件的下降率均达到了 50% 左右；就福利分布而言，心理状况、就业环境和交通条件的福利分布在迁居后趋向收敛，居住条件福利分布则趋向发散，公共设施条件福利分布无明显变化。本质上，三个维度福利水平的下降都和保障房的选址比较偏远有较为明显的关系。

针对以上结论，本书建议采取如下对策：

1. 保障房的区位应适中

2007 年以后武汉市建设的保障房项目空间分布呈现“规模化”和“边缘化”的新特点（张祚等，2008），居民入住保障房小区的过程也成了居住空间分异的过程，为避免可能导致的社会分化，应避免将保障房小区大规模郊区化的趋势。保障房项目选址应遵循保障低收入家庭出行便捷、成本低廉的原则，应尽量选择临近城市公交站点的地方。针对前期武汉保障房出现的选址偏、配套差等问题，武汉市政府准备每年从政府储备建设用地中，分别在汉口、汉阳、武昌等三个区域选择市政配套齐全、交通便利的地块，完成拆迁和土地整理后，优先供给用于保障房特别是公租房建设。

2. 保障房的空间分布应分散

保障房的选择和保障房项目的空间分散程度成正比，和保障房单个项目的平均面积成反比。因此，为了扩大被保障对象的选择范围，也为了避免大量低收入人群聚集造成社会隔离等问题，应该控制保障房单个项目的建设规模，保证保障房项目的空间分散性，建议在商品房小区以配建方式进行保障房建设。短期来看，配建降低了政府的财政收入，也降低了房地产开发企业的利润，但是综合来看，配建减少了保障房小区配套建设的政府投资，提高了房地产开发公司的社会责任感，关键是让被保障对象共享了所属商品房小区优质的交通、教育和生活等配套资源，全面提高了被保障对象的综合社会福利水平。因此，武汉市房管局拟在拟建商品房项目中，按规划住宅总面积的5%～10%的比例配建公租房。

3. 保障房的质量应耐久

保障房的建筑质量和设计、施工、竣工验收和运行维护等密切相关。为确保工程质量，应建立保障房质量终身责任制，监理单位应加强监督管理，政府部门应参加竣工验收。2012年，武汉市针对保障房质量提出具体的监管办法，提高开发商进入保障房建设领域的资质门槛，落实保障房质量终身责任制，有效地从源头消除保障房质量隐患，严格地把控房屋质量。

大规模实施保障性安居工程有利于促进内需扩大，能释放巨大的消费和投资潜力，是转变经济发展方式、调整经济结构的有效途径。但是，“十二五”期间3 600万套保障性安居工程战略实施以来，保障房建设的这些作用发挥比较有限。只有将制约作用发挥的诸多因素如保障房建设模式、公共服务配套等问题有效解决，保障房的“数量”和“质量”才会同步推进，住房保障对于保持经济平稳增长、扩大国内投资和消费需求、解决贫富差距、推进新型城镇化和建立公共服务型政府的多重作用才得到体现。

第三节　本章小结

本章首先应用森的可行能力理论，提出了构成入住保障房社区居民福利的功能性活动和评价指标体系，使用模糊评判方法对被保障对象的福利变化进行测度。结果显示，虽然被保障对象总体福利水平有所上升，但是上升的幅度偏小。从功能指标看，除了居住条件、心理状况有了非常明显的改善，被保障对象的生活条件、教育设施、就业条件和交通条件均有不同程度的恶化。为进一步提高这些家庭的福利水平，保障房应选址在市区就业机会多的地方，保障房的公共设施也需逐步完善①。

然后，基于森的可行能力理论，借鉴塞思的广义均值双参数模型，构造了同时考虑维度不平等与权重等影响的新福利指数，测度了武汉市被保障对象在迁居保障房小区前后真实福利的变化。研究结果发现：（1）在整体福利方面，由于迁居后被保障对象福利分布均匀性有所改善，使得新模型测度的真实福利水平，相对于从总体平均角度出发的传统模型，改善更加显著，即：被保障对象在迁居后的整体福利水平和福利分布都有所改善，新模型更准确、更全面地测度并反映了研究对象的福利变化。（2）在各维度福利方面，就福利水平而言，被保障对象迁居后只有居住条件、心理状况改善显著，而其余三个维度包括公共服务设施条件、就业条件和交通条件都表现出不同程度的恶化；就福利分布而言，心理状况、就业环境和交通条件的福利分布在迁居后趋向收敛，居住条件福利分布则趋向发散，公共设施条件福利分布无明显变化。由于三个维度福利水平的下降都和保障房的选址比较偏远有较为明显的关系，因此建议保障房项目的空间区位适中，空间分布分散化②。

---

① 李梦玄、周义：《保障房建设的社会福利效应测度和实证研究》，载《中南财经政法大学学报》2012 年第 5 期。

② 李梦玄、周义：《考虑分布不平等的保障房建设福利效应测度研究》，载《当代经济》2016 年第 36 期。

第七章
武汉保障房社区居民的社区依恋测度及其动因研究①

① 李梦玄、王慧喆、周义：《保障房社区居民社区依恋感测度》，载《城市问题》2017 年第 4 期。

第一节 引 言

我国保障性住房建设始于1995年，至今已有20年的发展历程。据统计，截至2015年10月，全国城镇保障性安居工程已开工747万套，基本建成688万套，均超额完成年度目标任务①。保障性住房建设的初衷是解决中低收入群体的住房问题，改善其居住条件。然而近期审计署公布的一组数据显示：目前在五个省内的五个市县中共计有5.75万套保障性住房空置。保障房缘何遇冷？如何提高保障房居民的满意度？这些成为社会关注的热点问题。满意度，反映在人地关系上，典型地表现为社区依恋的维度之一，而保障房社区居民的社区依恋正是本书试图关注的焦点。

地方依恋和社区依恋都常常被用作描述人与地方之间的情感关系。地方依恋源于图安（Tuan，1975；1977）的研究，其定义为人与地方之间的一种情感联结，通过个体与其所处环境及环境中的他人相互作用而产生并维持。而社区依恋是指一种联系感，或者说是居民成为社区一分子的感受，包括心理上的根植感和归属感，也包括对社区的满意度，即对社区物理环境的依恋（Riger and Lavrakas，1981）。地方依恋研究对象的地理尺度较为自由，从小范围的住宅、社区到地域广阔的城市、国家均可作为其研究对象。相对而言，社区依恋只关注居民与所处社区的情感关系，其地理尺度是相对确定的。值得注意的是，在研究居民与社区之间的情感关系时，地方依恋与社区依恋是相通的（Griff etc，2011）。目前住宅是大多数地方研究关注的重点，也是目前唯一被公认为研究重点的场所，而社区作为住宅的集合，也日渐成为学者们研究的热点。本书旨在研究居民在保障房社区产生的情感联系，因此选用社区依恋来描述研究对象对所在社区产生的情感依恋。

国外对于社区依恋的研究起源较早，也较为完善。西方学者卡萨尔达和迦

① 资料来源：李香才：《去库存将成楼市主旋律》，载《中国证券报》2015年11月13日。

诺维兹·格里夫（Kasarda and Janowitz Griff，1974）根据三个指标定义了社区依恋：（1）有家的感觉或在其社区有归属感；（2）有兴趣了解社区内发生的事情；（3）如果被迫离开会感到遗憾[①]。格斯特和李（Guest and Lee，1983）区分了社区依恋的两个维度：（1）社区感情，是指对某个区域的心理感受或情感联系，反映在人们离开后对此地的思念程度上；（2）社区评价，即指个人对社区的整体满意度[②]。拉利（Lalli，1992）将依恋作为一种归属感概念化，这与一般所说的地方感相一致，他认为依恋作为城市相关认同的体现，包含了熟悉感、连续感和承诺感，同时提出了城市认同量表的五个维度[③]。

相对于国外的研究而言，国内学者对社区依恋的研究才刚刚兴起。杨昀等（2012）分析了旅游社区中外来经营者的依恋特征，归纳出了“经济依赖”和“情感认同”作为地方依恋的两个核心维度[④]；艾少伟等（2013）对城市回族社区的地方依恋进行了研究，发现城市回族社区具有较强的内闭性，在地方性特征上与其他城市社区相比具有显著差异性[⑤]；汪坤等（2015）关注了广州封闭社区居民社区依恋及其影响因素，认为社区依恋受年龄、居住时间、封闭程度、社会环境和建成环境主观评价影响最大[⑥]。国内社区依恋的研究对象主要集中在少数民族社区、旅游社区等方面，但关于保障房的社区依恋研究仍处在空白阶段。

保障性住房作为国家解决中低收入群体居住问题的重要手段，其覆盖率将达到20%以上，保障房社区也日益成为城市社区类型的一种典型形态。本书以武汉市为例，对不同类型的保障房社区居民的社区依恋程度及其影响因素进行对比分析，以期深入了解保障房居民对其社区的真实需求，这对于提升保障房居民的居住质量、解决保障房建设中的空置现象等问题具有重要意义。

---

① Kasarda JD, Janowitz M. Community attachment in mass society [J]. *American Sociological Review*, 1974, 39 (3): 328 –339.

② Guest AM, Lee BA. Sentiment and evaluation as ecological variables [J]. *Social Perspect*, 1983, 26 (2): 159 – 184.

③ Lalli M. Urban-related identity [J]. *J Environ Psychol*, 1992 (12): 285 –303.

④ 杨昀、保继刚：《旅游社区外来经营者地方依恋的特征分析——以阳朔西街为例》，载《人文地理》2012年第6期。

⑤ 艾少伟、李娟、段小微：《城市回族社区的地方性——基于开封东大寺回族社区地方依恋研究》，载《人文地理》2013年第6期。

⑥ 汪坤、刘臻、何深静：《广州封闭社区居民社区依恋及其影响因素》，载《热带地理》2015年第3期。

第二节　数据与方法

一、数据

本书组于2015年5月，选择武汉市中心城区（包括江岸区、江汉区、硚口区、汉阳区、武昌区、青山区、洪山区共7个区）的保障房社区（包括经济适用房、公租房和廉租房）小区作为调查区域，随机选取2006年以后新建的保障房社区15个，按照社区的数量和规模比例分配调查问卷并随机进行问卷调查。本次调查共发放问卷610份，经收回整理得到有效问卷592份，有效率达97%。通过甄别，有410份问卷来自经济适用房社区的调研对象，另外182份问卷来源于公租房社区调研，各自形成相应的子样本。

这项基础调查覆盖了保障房社区居民生活的许多方面。结合以前的公共住宅迁移研究和本书的研究目的，作者设计和选取了一些问题，重点调查了社区安全特征、社区支持和住房条件、交通、人口统计、家庭构成、健康、资金困难和其他社会经济问题。

二、方法

首先，对于社区依恋的测量，本书根据雷特兹（Reitzes，1986）关于社区认同的研究结果，整合李克特量表中的五个选项建立了一个新量表。这五个选项的描述为："当我在自己的社区时我感到：（1）这里就是我的家；（2）这里对我来说意义重大；（3）我属于这个地方；（4）如果不得不离开我会想念这里；（5）我以这个地方为荣"。通过这五种陈述来评估认同程度的等级（十分不赞同、不赞同、中立、赞同、十分赞同，同意程度与分值是正向的，“非常不赞同”为最小值，赋值为1并依次递增，“非常赞同”为最大值5）。本书对这些问题赋予相同的权重，将这五项问题的得分值相加取均值得到居民对社区的总体依恋感。这项测量的克隆巴赫系数（Cronbach's α）即可信度为0.92，该量表范围从5（低社区依恋）到25（高社区依恋），其平均值为14.80。

其次，本书建立了多元线性回归模型来分析社区依恋和各个解释变量之间的关联性，将属性变量分为三大类：社会环境特征、物质环境特征和居民个体特征。回归模型的自变量释义如表7－1所示。

表7－1　　　　模型中变量的平均值、标准差和取值范围

N＝592　基本描述	平均值/比例	标准差	范围
社区依恋	14.80	8.12	5.00～25.00
社会环境特征			
社会安全和秩序	19.81	7.45	5.00～25.00
社会交往和支持	3.87	2.08	0.00～5.00
社区集体参与	9.35	4.98	5.00～15.00
物质环境特征			
居住环境（人均住房面积及配套基础设施）	3.57	1.12	0.00～5.00
生活环境（超市、银行、卫生站、集贸市场）	1.95	0.57	0.00～5.00
交通条件（公交、地铁）	2.45	1.58	0.00～5.00
教育环境（幼儿园、小学）	2.60	1.74	0.00～5.00
就业环境（工业园，服务业商圈）	1.32	0.41	0.00～5.00
居民个体特征			
性别（男＝0，女＝1）	0.61	0.25	0.00～1.00
年龄（35岁以下＝0，其余取1）	0.57	0.19	0.00～1.00
婚姻状况（未婚＝0，已婚取1）	0.63	0.18	0.00～1.00
家庭结构（＜18岁的家庭成员数量）	1.35	1.04	0.00～3.00
居住时间（年）	6.58	4.97	0.00～18.00
健康自评（很差＝1，很好＝5）	3.45	2.48	0.00～5.00
有无经济困难（无＝0，有＝1）	0.39	0.49	0.00～1.00

注：回归分析中标准化变量平均值＝0，标准差＝1。

本书在研究中涵括了三个社会环境特征的变量：社会安全和秩序、社区交往和支持以及社区集体参与。

社会安全和秩序的量表是通过综合五个李克特量表（从非常不同意到非常同意）项目得出："（1）这里的人们不遵守交通规则和相关法律；（2）这里存在大量盗窃或抢劫犯罪行为；（3）这里的父母常常对孩子监管不周，存在青少年打架斗殴或暴力行为；（4）这里的消防设施不齐全或存在破损；（5）需要帮助时警察经常无法提供帮助"。根据克隆巴赫系数，该量表可信度为0.72。范围从5（社会高度混乱）到25（社会高度安全），平均值为19.81。

对于社会交往和支持的程度，本书通过汇总以下五个方面的"是/否"回答来度量："在你居住的社区内，你是否受到或给予过邻居或朋友以下帮助：（1）与邻居一起散步、进行体育锻炼、逛商店或其他休闲娱乐活动；（2）相互给予建议、鼓励和精神支持；（3）帮助照顾儿童；（4）帮忙运送物品、跑腿或购物；（5）协助家务、修理或其他相关工作"。该量表的范围从0（无社会支持）到5（完全的社会支持），其平均值为3.87。

社区集体参与程度通过李克特量表（从非常不可能到非常可能）中三个项目的汇总来度量，本书访问了受访者当发生以下事件时，邻居参与的可能程度："（1）加入社区的各种团体或参与社区活动（2）参与解决社区各种问题和事务；（3）参与社区选举"。就克隆巴赫系数来说，社区集体参与的可信度为0.84。该量表的范围从5（非常不可能）到15（非常有可能）不等，平均值为9.35。

对于物质环境特征的五个因素，居住条件主要指人均住房面积及配套基础设施；生活条件主要包括日常用品购物、基本服务的取得和基本的运动设施；交通条件主要包括公交、地铁等；教育环境主要指幼儿园、小学这些基本的教育设施；就业环境主要指工业园和第三产业，如低技能服务业。简单的表述见表7－1，具体量化的描述有兴趣的读者请参见即李梦玄（2012）。对于总样本，这五个因素的平均值分别为3.57、1.95、2.45、2.60和1.32。李梦玄（2012）通过各种方法对比测度了五个因素的权重，但结果显示，五个因素的重要性并没有非常显著的差异[①]。由此，从另一个侧面印证本书对各因素取相同权重的适

① 李梦玄、周义：《保障房建设的社会福利效应测度和实证研究》，载《中南财经政法大学学报》2012年第5期。

宜性。

最后，本书对个人基本特质、健康状况和经济状况等个体层面的问题进行了控制。在基本特质中，本书通过引入虚拟变量来控制性别和婚姻状况，即对于性别，男性取值为0，女性取值为1；至于婚姻状况，已婚者取1，未婚者取0。统计显示，样本中女性占61%，已婚者占63%。由于经济适用房居民年龄分布范围较广，中老年人占有相当大的比重，而公租房的居民则以较为年轻的群体为主，因此本书设置年龄虚拟变量，35岁以下取值为零，35岁以上取值为1。家庭结构以小于18岁的家庭成员数量为计量，取值在1～3之间，平均值为1.35。对于居民在保障房社区的居住时间，期限跨度从小于1年到18年不等，其平均值为6.58年。除此之外，居民的健康状况自述通过李克特量表（从非常差到非常好）变量进行测度；对于经济状况的测度则是通过引入虚拟变量（有经济困难=1，无经济困难=0）来实现。

第三节　保障房社区居民的社区依恋测度

表7－2显示了保障房社区居民对社区依恋量表中的每一项表示赞同和强烈赞同的百分比。列项呈现的分别是全体样本、经济适用房社区居民样本和公租房社区居民样本的调研结果。结果包括了情感依恋、归属感和家庭认同。就整体样本而言，超过69%的调查对象对于“居住的保障房社区是我家”的陈述表示同意或非常同意。此外，几乎60%的居民表示同意或非常同意“保障房社区的住宅对他们来说是重要且有意义的”。同样，54.46%的居民对其所在的保障房社区产生了归属感，超过54%的居民表示他们为所居住的地方感到自豪，如果被迫离开会想念这里。总体而言，59.24%的居民表现出了社区依恋，说明保障房社区的大多数居民对社区有着较深较强的情感。

表 7 – 2　　不同社区类型居民的社区依恋

N = 592	全体赞成率（%）	经适房社区赞成率（%）	公租房社区赞成率（%）
社区依恋当我在这里感受到社区依恋	59. 24	70. 78	32. 82
在一个地方的感受			
这里是我家	69. 65	79. 50	47. 12
对我有重大的意义	59. 88	70. 60	35. 33
有归属感	54. 46	67. 55	24. 49
如果不得不离开我会想念	57. 91	70. 45	29. 20
以此地为荣	54. 27	65. 78	27. 94

对保障房社区根据不同的类型分别检验其社区依恋程度，出现了强烈的差异。相比公租房社区的居民，经济适用房社区的居民明显表现出更为强烈的社区依恋。在公租房社区的调研中，对所居住的社区有家庭认同感即认为这里是我家的只有 47%，仅有 35% 的居民同意居住地对他们来说具有重大意义；如果一旦被迫离开，只有 29% 的居民表示会想念这里；同样，仅有 28% 的居民为他们的居住区感到自豪，而能够体会到归属感的居民则少于 25%。而对经济适用房社区居民的调查结果显示，有 79. 5% 的居民在其居住地有家的感觉，70. 6% 的居民认为居住地对他们很重要；并有超过 65% 的居民赞同或强烈赞同以下三项：归属感、思念感和自豪感。

由此可见，武汉保障房社区存在较强的社区依恋情感，经济适用房社区的居民明显比公租房社区具有更深的社区依恋。事实上，武汉保障房居民的社区依恋水平在经济适用房和公租房社区之间产生差异的原因可能是多样的。一方面，对于经济适用房而言，大多数社区居民拥有其居住房屋的产权，而公租房居民没有房屋产权，并且当居民经济状况等方面不再符合公租房准入条件时，就必须退出公租房。另一方面，相比公租房社区，经济适用房居民中以成家立业者居多，其流动性相对较弱，在社区中已居住了较长的一段时日；而公租房居民中多数是刚刚大学毕业踏入社会的青年，不管在工作生活中还是心态上，不安定的因素都比较多，这些原因都可能使得经济适用房居民更容易对社区产生依恋感。此外，经济适用房社区居民的经济状况普遍优于公租房社区可能也是造成差异的原因之一。

第四节　保障房社区居民社区依恋的动因分析

为了分析保障房居民社区依恋的影响因素，以更好地解释不同保障房社区依恋情感差异的成因，本书采用普通最小二乘法（OLS）针对不同的样本进行回归分析，所有的量表在进行分析前都被统一标准化，绝大部分预设的解释变量都表现出了统计上的相关性，回归结果如表 7 – 3 所示。

表 7 – 3　从社区环境、物质环境和个体层面对社区依恋的回归分析：系数（标准差）

N = 592	社区依恋		
	模型 1：总体样本	模型 2：经适房社区样本	模型 3：公租房社区样本
截距 当我在这里感受到社区依恋	0.059（0.05）	0.351* （0.12）	0.514* （0.16）
社区环境特征			
社会安全和秩序	0.284** （0.08）	0.288** （0.04）	0.265*** （0.05）
社区交往和支持	0.248*** （0.06）	0.258*** （0.06）	0.119* （0.04）
社区集体参与	0.061* （0.08）	0.068* （0.09）	0.068* （0.08）
物质环境特征			
居住条件	0.120*** （0.05）	0.122*** （0.04）	0.120* （0.07）
生活条件	0.211*** （0.06）	0.212*** （0.07）	0.209*** （0.06）

续表

N＝592	社区依恋		
	模型 1：总体样本	模型 2：经适房社区样本	模型 3：公租房社区样本
交通条件	0.025 * （0.05）	0.026 * （0.03）	0.102 *** （0.03）
教育环境	0.026 ** （0.02）	0.097 *** （0.03）	0.013（0.06）
就业环境	0.019 （0.04）	0.027 （0.08）	0.021 *** （0.01）
居民个体特征			
性别	0.018 * （0.05）	0.019 * （0.03）	0.015 * （0.03）
年龄	0.211 ** （0.11）	0.237 *** （0.13）	0.141 *** （0.12）
婚姻状况	0.090 ** （0.03）	0.092 ** （0.03）	0.086 ** （0.03）
居住时间	0.114 * （0.05）	0.138 * （0.05）	0.119 * （0.05）
家庭结构	−0.015 （0.07）	−0.018 （0.09）	−0.013 （0.07）
健康自评	0.228 * （0.12）	0.238 * （0.13）	0.219 * （0.11）
经济状况	−0.023 （0.05）	−0.021 （0.04）	−0.019 （0.04）
接近 R^2 最大值调整 R^2	0.30	0.39	0.41

注：* 表示 $p \leq 0.05$；** 表示 $p \leq 0.001$；*** 表示 $p \leq 0.0001$。

一、社会环境对社区依恋的影响

社区社会环境是影响社区依恋的主要因素，所有模型设定的解释变量均与社区依恋表现出了统计上的相关性。在三个模型中，无论是社会安全和秩序、社会交往和支持，还是社区集体参与都与社区依恋呈现正相关性，但是社会安全和秩序、社会交往和支持的相关显著性和相关系数均大于社区集体参与，这表明保障房社区居民对社区各种团体和社区事件的参与意识或参与度还不够强。另外，在不同的模型中，三个变量的显著程度差异也很大。在模型 1 和 2 中，社会交往和支持的系数最为显著，社会交往和支持的 B 值（系数）分别为 0. 248 和 0. 258（P≤0. 001），保障房社区和经济适用房社区居民社会交往和支持的标准差每增加 1，居民对社区依恋的标准差就会分别提高 0. 248 和 0. 258。这说明在所有的解释变量中，社会交往和支持对社区依恋的影响最大，邻里关系越亲密的社区，其居民的社区依恋感越强烈。而在模型 3 中，社会安全和秩序的系数是最显著的。社会安全和秩序的标准差每增加 1，社区依恋的标准差就会提高 0. 265。这表明虽然这三项因素对不同类型社区的社区依恋感都会产生非常重要的影响，但是对于经济适用房社区而言，社会交往和支持对其社区依恋的影响程度最大。因为大多数经济适用房社区的居民在其社区都居住了相当长的一段时间，居民之间的熟悉程度较高，邻里间的交往也更加频繁，由于邻里交往对居民的社区依恋具有很大程度的影响，因此经济适用房社区的居民对社区的依恋感也就更加强烈。而在公租房社区中，社会安全和秩序的影响是最大的，这表明对于相对年轻的公租房社区居民来说，社区交往和支持对其社区依恋的影响有限，而安全和秩序仍然是他们最基本也是最重要的需求。

整体而言，社会环境特征尤其是社会安全和秩序、社区交往和支持等因素对保障房社区居民的社区依恋存在非常显著的影响。在社会特征的三个因素中，对经济适用房社区居民的社区依恋最重要的因素是社区交往和支持，而对公租房社区居民最重要的影响因素是社会安全和秩序。

二、物质环境对社区依恋的影响

本书所讨论的社区物质环境包括居住条件、生活条件、交通条件、教育条件和就业环境，每个模型设定的解释变量均与社区依恋表现出了一定的统计相关性，并且都呈现出预期的正相关性，这表明居民对社区物质环境特征的主观评价对社区依恋的影响较大。在回归结果中，生活条件对不同类型的社区都具有重要的影响，在模型 2 和 3 中，生活条件的 B 值分别为 0.212 和 0.209（P≤0.0001），即生活条件的标准差每增加 1，经济适用房和公租房居民的社区依恋标准差会随之分别增加 0.212 和 0.209。这表明对于不同类型社区的保障房居民而言，生活条件都是他们所迫切关心的重要因素。事实上，与居民衣食住行息息相关的生活设施，主要指日常用品购物、基本服务的取得和基本的运动设施，具体包括超市、邮局、银行、社区卫生站、集贸市场等服务单位。这些设施旨在为居民提供便利的生活条件，满足人们对更加优越的生活条件的普遍追求。良好的生活条件将大大提高居民的生活质量，使居民更趋于对社区产生依恋感。

除此之外，存在明显差异的是，经济适用房社区的居民受居住条件和教育环境的影响更大，而对于公租房社区的居民而言，交通条件和就业环境的影响则更为明显。在模型 2 中，经济适用房社区的居住条件和教育环境的 B 值分别为 0.122 和 0.097（P≤0.0001）。这表明除了生活条件外，经济适用房社区居民更加看重社区的居住条件和教育环境，因为经济适用房社区的居民大多数已经成家立业，其中拥有子女的家庭较多，他们的生活状态一般来说较为稳定，因此会更多地考虑家庭整体的居住条件和子女的就学环境。相较而言，公租房社区的居民对交通环境和就业环境更为看重，因为居住在公租房社区中的大多数是刚刚大学毕业、尚未成家的大学生或者收入较低的年轻夫妇，收入相对微薄、生活和工作状态不稳定，流动性较强是这一群体的典型特点。对这类群体而言，他们出于降低通勤时间和成本或是经常加班以追求事业突破的需要，更多地考虑上班的便捷程度和区域内的就业环境，通常会选择工作单位附近的公租房。因为社区对他们而言往往只是一个居住的住所，居住之外的社交等生活大都发生在社区之外，所以他们对居住条件并没有很高的要求，另外因为没有子女，他们通常会忽略教育环境的优劣。

三、居民个体特征对社区依恋的影响

居民的个体特征包括性别、年龄、婚姻状况、居住时间、家庭结构、健康自评和经济状况，这些解释变量与社区依恋的统计相关性呈现出分化的态势。

根据各模型的回归结果来看，保障房社区居民的社区依恋受年龄和婚姻状况的影响最为显著。对经济适用房社区居民而言，年龄是对其社区依恋影响最大且最为显著的因素，其 B 值为 0.237（P≤0.001）。随着年龄的增长，人们普遍倾向于更加稳定的生活状态，其流动性也不断减弱。相关研究也表明，年长者在社区中停留的时间更长，对社区活动的参与度更高，与邻里之间的交流也更加频繁（Oakley and Burchfield，2009）。因此年龄越大，越容易对社区产生依恋感。其次，由相关系数的值可以看出，居住时间与经济适用房居民的社区依恋联系也较为紧密。居住时间标准差每增加一年，社区依恋的标准差随之增加 0.138。这表明社区依恋情感的形成是一个渐进的过程，随着时间的推移，居民之间的相互了解和交往不断加深，使得其对社区的依恋情感更加强烈。另外，婚姻状况对经济适用房社区居民社区依恋的影响也较为显著，其 B 值为 0.092（P≤0.01），这说明与未婚者具有较高的迁移概率相比，已婚者往往在社区中定居的可能性更高，因此婚姻状况稳定的居民更容易对社区产生情感依恋。

相较而言，公租房社区居民的社区依恋对年龄的 B 值为 0.141（P≤0.05），相比经济适用房（年龄的 B 值为 0.237，P≤0.0001）其影响较弱，这再次说明年轻的居民对社区的依恋情感较弱，而到了 35 岁之后，居民对社区的依恋随着年龄日益增加。婚姻状况对公租房社区居民社区依恋的影响也相对较弱，其 B 值为 0.086（P≤0.05），在分析中未婚者作为参照组的设定值为“0”，这说明已婚居民比未婚居民显著地表现出更加强烈的社区依恋情感。已婚居民的生活状态相对于未婚者而言逐渐趋于稳定，生活圈子相对缩小，他们在社区中活动的时间相对增加，易于对社区产生依恋。除此之外，与经济适用房社区相似但影响程度较弱的是，公租房社区居民的居住时间与其社区依恋的联系也较为紧密。

在各模型中，健康自评也是对社区依恋影响比较显著的因素。在模型 1 中，健康自评的 B 值为 0. 228（P≤0. 05），即该变量每增加 1 个标准差，社区依恋随之增加 0. 228 个标准差。一般而言，健康状况较好的居民在社区中的活动和交往相比健康状况差的居民更为频繁，因此对社区支持的体会和情感会更加深刻。而在居民基本特质层面的变量中，性别的系数呈现一定的统计相关性。结果说明女性，尤其是经济适用房社区的女性相比男性对社区的依恋程度更强，她们中有部分是全职母亲，和在外工作的男性相比，她们在社区的生活时间明显要多。

最后，家庭结构对保障房社区依恋的影响在统计学上并不显著。这意味着有无 18 岁以下的孩子对社区依恋并无明显的影响，其可能原因之一是居民尚未意识到社区在孩子早期社会化阶段中的重要作用。经济状况自评和社区依恋并没有呈现预期的显著负相关性，原因可能是个人对自身经济状况并未做出客观的评价，或是出于自尊的考虑没有提供准确的选择。

总体来说，在居民的个体特征中，年龄、居住时间和婚姻状况与保障房社区尤其是经济适用房社区（相对于公租房社区而言）居民的社区依恋程度有较为紧密的联系，健康状况与居民的社区依恋也表现出预期的较强的正相关性，但经济状况和家庭结构则与居民的社区依恋并无显著关系。

第五节　结论与讨论

本书基于 2015 年 5 月抽样调查数据，从居民的主观感知出发测度了武汉保障房社区居民的社区依恋感，重点对比分析了经济适用房社区和公租房社区居民在社区依恋上的差异，并从社区社会环境、物质环境和个体特征三个方面对比分析了不同类型保障房社区居民社区依恋的影响因素。形成以下几点发现：

（1）武汉保障房社区居民对其所在的社区具有较强的依恋情感，并且经济适用房社区的居民明显表现出比公租房社区居民更深的社区依恋情感。

（2）就影响因素而言，社会环境特征尤其是社会安全和秩序、社区交往和支持等因素对保障房社区居民的社区依恋存在显著的影响，与公租房社区居民受社会安全和秩序的影响更多不同，社区交往和支持对经济适用房社区的居民影响更为显著；居民对社区物质环境特征的主观评价对社区依恋影响较大，经济适用房社区的居民受居住条件、生活条件和教育环境的影响更大，而公租房社区的居民受生活条件、交通条件和就业环境的影响更明显；在居民的个体特征中，年龄、婚姻状况、居住时间和健康状况均与保障房社区尤其是经济适用房社区居民的社区依恋有较为紧密的联系，而经济状况和家庭结构没有呈现预期的显著关系。

虽然本书的研究结果有一定的模糊性，但仍然能够充分地表明保障房社区居民在其区域获得的社会支持及社区关系的重要性。在社区环境特征中，社区交往和支持对社区依恋均有着最稳定最积极的联系。这说明社会关系产生了一种地方参与感，减少了地方危机和衰退感，并有助于创造一种对邻里和社区的认同感（Greenbaum，2002）①。大多数社会关系的形成离不开其居住的社区网络，保障房社区的居民更加依赖社区的物质和社会资源。对于保障房居民而言，其社会经济地位均处于相对弱势的处境中，因此社会关系是十分重要的生存资源。事实上，根据保障房居民的日常生活经验，社区的社会关系对于这些依靠极少的正规资源生存的人群来说更为重要。因此，改善发挥主导作用的社区社会环境，才是满足保障房社区居民的精神需求，增强其社区依恋的关键。

此外，通过经济适用房与公租房社区的对比分析可以看出，处于不同人生阶段和不同生活状态下的居民对社区有着截然不同的需求。公租房社区居民较强的流动性和准入条件的约束都在一定程度上阻碍了居民与社区之间建立更强烈的情感联结；同时除了生活环境之外，对于刚刚踏入社会的青年群体而言，处于事业起点的他们必然更加迫切地希望拥有良好的交通和就业环境；较高的流动性和不安定因素的存在也使得居民对社区安全和秩序的关注度更高。而经济适用房社区的居民多数处于较稳定的生活状态中，社区内居民流动性较弱，出于长期定居的目的，居民间的交往和互动会更加频繁；他们倾向于追求更加优越的居住环境，有子女的家庭对社区教育环境的需求也会不断提升。因此对

① Greenbaum S. Social capital and deconcentration：theoretical and policy paradoxes of the Hope VI program ［J］. *N Am Dialogue*，2002，5（1）：9－13.

于不同类型的保障房社区，了解其居民不同的需求，进行有针对性的改善和提升才是行之有效的策略。

第六节 本章小结

本章从保障房社区居民的主观感知出发，基于2015年5月的抽样调查数据，本书对武汉保障房社区居民的社区依恋感进行了测度，并从社区社会环境、物质环境和居民个体特征三个层面探讨了居民社区依恋的影响因素，重点对经济适用房社区和公租房社区居民的社区依恋强度及其动因进行系统而深入的对比分析。研究发现，武汉保障房社区居民对其所在的社区有较强的依恋情感，并且经济适用房社区的居民明显表现出比公租房社区居民更深的社区依恋。就影响因素而言，社区社会环境对保障房社区居民的社区依恋影响最大，其中公租房社区居民受社会安全和秩序的影响最为显著，与之不同的是经济适用房社区居民受社区交往和支持的影响更为显著；物质环境对社区依恋的影响较大，经济适用房社区的居民受居住条件、生活条件和教育环境的影响更大，而公租房社区的居民受生活条件、交通条件和就业环境的影响更明显；在居民的个体特征层面，年龄、婚姻状况、居住时间和健康状况均与保障房社区尤其是经济适用房社区居民的社区依恋有较为紧密的联系，而经济状况和家庭结构没有表现出预期的显著关系。由此，本书提出重视保障房社区的社会环境建设，并且了解不同类型保障房社区居民的不同需求，进行有针对性的改善和提升才是解决保障房空置等问题的有效策略①。

① 李梦玄、王慧喆、周义：《保障房社区居民社区依恋感测度》，载《城市问题》2017年第4期。

第八章 保障房建设公共政策体系的构建

本章运用归纳的方法总结以上各个方面内容的研究结论，在此基础上，结合福利经济学、公共政策学的相关理论，首先详细探讨了社区的两种极端形式：封闭社区和混合社区的特征、形成机制和社会效应，对我国保障房建设的公共政策进行深刻反思，提出保障房建设的公共政策改进建议，以构建出公平、有效的保障房建设的公共政策体系。

第一节　封闭社区

封闭社区，也叫门控社区，是指有围墙和门控的住宅区，已成为美国大都市区常见的一种社区。这种由私人共同提供公共基础设施的形式，主要源于地方政府通常利用这种形式进行土地开发来支付城市扩张的费用，但结果是加剧了当地的隔离，造成了整个都市区的社会不经济。

一、封闭社区的类型与选址特征

封闭社区的类型具有明显的多样性。布莱克利和斯奈德（Blakely and Snyder，1997）对封闭社区的特征进行归纳，总结定义出了三种主要的门控社区，基于声望的“精英社区”；旨在保证休闲设施独家使用的“生活方式社区”；安全是居民主要关注点的“安全社区”。现在还有一些低端街区改造成的封闭社区，用于保护其居民安全和控制帮派活动[①]。

勒诺德·勒戈瓦（Renaud Le Goix，2005）分析了加利福尼亚南部的封闭社区的扩张，发现有三个因素能解释门控社区的位置[②]。首先，他们所在的位置往往会最大限度地提高租金，如海景房、幽山地区及度假胜地都是他们最喜

① Blakely，E. J. and Snyder，M. G. Fortress America：Gated Communities in the United States（Washington DC and Cambridge，MA：Brookings Institution Press & Lincoln Institute of Land Policy），1997.

② Renaud Le Goix. Gated Communities：Sprawl and Social Segregation in Southern California［J］. *Housing Studies*，2005，20（2）.

欢的位置。其次，由于大多数休闲型住宅的发展需要使用大量的休闲设备和设施，这些占用了大量的空间，开发商和居民都倾向于大的个别地段，这些地段聚集在周围有大开放空间的环境中。各种作为生活社区或养老社区的大门控社区如休闲世界（19 000 居民和 6 个会所），通常位于偏远的风景区。这种与世隔离和绿洲般的生活使他们与城市社会环境相隔离，同时有利于促进居民的亲密关系。较小的社区都聚集在附近的城市地区的中心地段，往往建在老城市化地区的空地上，像曼哈顿比奇名为石门的中产阶级社区（57 套住房）。最后，地理位置是由社会环境所导致的，门控社区是针对那些对一致的社会环境有特别需要的购买者量身定制的。勒诺德 · 勒戈瓦（2002）的研究表明，以前门控社区主要位于每一类中产阶级和上层阶级社区，而现在存在于每一个细分市场：他们中的一半都位于富裕的上层阶级；三分之一位于郊区的平均收入水平者即中产阶级，这两者主要是白人社区；其余 20% 被调查的门控社区位于平均和较低收入的亚洲或西班牙裔社区，由此作为社会扩散的现象一个证据①。

封闭社区基本上都是单位发展计划（Planned Unit Developments，PUD），这意味着开发商代替了公共政府进行建筑规划、道路建设、公用线路接入。在加利福尼亚的细分图法可以发现，公共权力具有管辖、规范和控制细分项目开发的权利。在主计划社区（Master Planned Communities）的情况下，这种替代相当于私人提供公共服务，开发商需要为基础设施、景观美化和环境改善融资以确保项目开发与整体（总体）适应性规划的一致性。因此，城市化的全部成本转移给私人开发商，从而最终买家将在购买房产时支付这些基础设施的费用。其他工具也可使城市化成本转移至最终的房主，而不是由全体纳税人支付。这些工具包括开发商向公共管理局支付的“开发费”，以支付额外所需的公共服务的改进。开发商可能会被要求留出一定数量的免费土地，可用于建立一个学校或图书馆让给公共权力。最后，社区设施区可以用来使成本由当地住房所有者负担，而非全体纳税人负担。

---

① Le Goix，R. Les gated communities en Californie du Sud，un produit immobilier pas tout a' fait comme les autres，*L'Espace Ge'ographique*，2002（31）：328 – 344.

二、封闭社区的形成与扩张机理

为了阐释封闭社区如何导致社会隔离，有必要先介绍社区的建立者通常是如何设计同质的社会环境的。封闭社区的吸引力来源于工业时代的私人屋苑，现今的封闭社区主要位于郊区的商品化社区，主要购买者为中上阶层，十分强调“社区生活”。这些群体通常主张关注体育、休闲设施和家庭生活。他们通常是共同利益发展体（Common Interest Developments，CIDs），目的是通过设计政策和契约、条件和限制措施（CC&Rs）来保护财产。伴随着园林绿化和建筑的要求，社会偏好的主观标准在许多CIDs非常常见，从而便于保持一个同质的社会模式。CIDs一方面扮演着公众的角色，因为它向住户提供公共服务的同时，也给予他们权利评估和调整公共服务。另一方面，CIDs又扮演着私人政府的角色，根据强制执行的私人合同（CC&Rs）来保护住户的房产价值。

但封闭社区远远不止是一个普通的CID，它更多地被认为是一个俱乐部。所有的居民都是“俱乐部”的成员，把一个居住区纳入门控系统内，可以设想为预先保护该居住区的一种行为。居民们可以提供自己的安全、道路、设施等，通过私人治理的努力避免城市居民和工业发展带来的负面影响，包括犯罪、交通拥堵、设施搭便车、城市衰退和由于不必要的土地利用带来的房产贬值。

勒诺德·勒戈瓦（2005）认为这种社区的优先保护对封闭社区和相邻城市社区的住户都是不利的。这个命题需要建立在更广泛的理论背景下，即：在资本主义的城市空间生产以及在资本主义生产模式下城市化进程起源。这里可以描述为一个被复杂的产权模式所管制的相互穿插的私人空间和公共空间的土地利用系统。这些空间是各方考虑到“强烈的两极分化优势，由此资本主义的社会和财产关系被广泛调解”的定位策略的结果（Scott，1980）。私有企业与房主一起的资本主义城市空间生产，使得个人的最优决策有一个社会成本并由此产生溢出效应，如污染、无序扩张、拥挤、争夺土地用途、土地投机、搭便车。这便是所谓的市场失灵（Bator，1958），这些外部性整体表现为社会成本。沿着这一理论的线索，把一个居住区纳入门控系统可以认为是市场失灵的一个优先解决方法。因为由此居民可以通过私人治理的努力来避免城市住宅和工业发展的溢出效应。

这种将城市化成本转移给房屋购买者的方式概述了封闭社区城市规划过程中的优势。既然设置了门控，就不需要花费公共资金用于维护私人道路，公共资金就可以不花在门控内部。事实上，门控社区的发展体现了建筑业迎合了居民对居住安全的需求，但也体现了当地政府与私人土地开发商的合作关系。一方面，双方都同意由最终消费者（即购房者）来负担城市扩张的全部成本，因为他们不得不支付门控内的城市基础设施和维修成本。作为补偿，购房时会授予私人和独有的原公共空间（例如峡谷湖，这原本是一个公共财产租赁协会湖心岛）。这样的排他性有利于场地租金，并能积极提高物业价值。另一方面，它向当地提供了富有的纳税人，因此可以认为封闭社区是房产税的“现金牛”（McKenzie，1994）①。因此这是一种基于 PPP 的扩散。

封闭社区的根源在于郊区的发展，这种表现更依赖于围墙，而不是建筑的特征。封闭社区就是共同利益发展体，往往看上去像周边的其他住区。然而，封闭有利于增加房地产价值，增加了房地产税的计税基础。此外，门控系统的建立导致成本从城市基础设施支出向房主支出转移。门控社区和公共机构之间的关系可以这样概括：由于封闭社区产生了财政效应，政府除了一般的基础设施（高速公路等重大基础设施）几乎不需支付成本，封闭社区相对地方政府而言是可取的。封闭社区的扩张不应被认为公共权力“分裂”的趋势，而应被认为是公私合作伙伴关系的趋势，封闭社区对公共权力有财务效用，而业主委员会也将在地方治理中获得更多的自治权，这种暧昧的关系更有助于理解封闭社区扩张的原因。

三、封闭社区对社会隔离的影响

如前所述，私人治理和限制性契约的实施导致业主的一个隐形选择，即通过设计准则、年龄限制或俱乐部成员选择以确保居民的同质性。访问限制功能强化了这种排斥性建设。因此可以建立以下假定：门控和排他性建立了一个边

① McKenzie，E. Privatopia：*Homeowner Associations and the Rise of Residential Private Government*（New Haven and London：Yale University Press），1994.

界。这个边界分离了两个空间系统，门控社区的领土系统与它所在的城市空间。它假定门控的价值高于它的成本，并且对社会模式和房产价值起影响作用，由此封闭社区建立了一个理想的居住环境。

关于门控社区的理论文献已经被广泛研究，目前普遍采用的有三类观点，特别是在门控社区和社会隔离之间的关系方面。第一种观点认为门控社区是后工业社会变化明显的具体表现（碎片化、个人主义、提高社区），作为城市公共空间不断商品化的一种形式。同时由于渗透到意识形态的恐惧和出于安全方面的考虑，得到了经济政治行动者的支持[①]（Marcuse，1997）。第二种观点认为封闭社区是城市的病理症状，其中社会排斥尤为显著。主动封闭和城市公共空间的减少被视为不利于贫困的社会阶层（Blakely and Snyder，1997）。最后一种观点认为，私人领地的出现被认为是反对福利再分配体制的精英群体的“分裂”，同时也意味着公共服务效率水平的低下[②]（Foldvary，1994）。

封闭社区需要与周边居民相区分，用于保护房主免受负面的溢出效应（犯罪、财产减值）。然而，门控也影响了两个相邻地区间的双向关系，它产生了居民间的外部性。外部性主要是已经提过的犯罪和财产价值。生活在门控社区的主要动机是对犯罪的恐惧和对歧视的恐惧，如赫尔斯利和斯特兰奇（Helsley and Strange，1999）从理论上论证了门控将导致犯罪发生在门控外面和相邻的非封闭社区[③]。学者还评估了门控各属性的价值，他们证实了门控的保护作用，还有对周边社区的威慑效应（Le Goix，2003）[④]。门控还有一个最广为人知的作用，对周边非封闭社区的犯罪再分配的负面影响。这种不经济可能导致附近门禁的预防性扩散，原先非封闭社区可能为了保持他们的财产价值，避免犯罪的再分配而增加门控，从而解释了前述的门控系统扩散模式。

除了犯罪和财产的价值，还需要解决门控系统的社会负外部性，即产生了社会隔离。这可以一定程度上通过封闭社区内的居民与周边居民的同质化程度测量，以及他们区别于周边居民的标准来实现。勒诺德·勒戈瓦（2003）证实

---

① Marcuse, P. The ghetto of exclusion and the fortified enclave: new patterns in the United States, *The American Behavioral Scientist*, 1997 (41): 11 -326.

② Foldvary, F. *Public Goods and Private Communities: the Market Provision of Social Services* (Aldershot: Edward Elgar), 1994.

③ Helsley, R. W. and Strange, W. C. Gated communities and the economic geography of crime, *Journal of Urban Economics*, 1999 (46): 80 -105.

④ Le Goix, R. *Gated communities within the cities in the US: Urban neighborhoods or territories apart?* Doctorate thesis, geography, Universite' Paris Panthe'on - Sorbonne, 2003.

了大门和围墙对社会领土的空间整合作用，证明封闭社区的建设导致同质化和分化的领土系统，加强了某些局部范围内的隔离。

封闭社区不仅可能转移犯罪和保护财产价值（对周边的房价有着遏制作用），而且还能在一定程度上测量这种城市空间建设造成的社会经济空间效应：封闭社区常由同质的居民组成，与他们邻居在某些方面尤其是年龄情况和社会经济状况相区分。

总之，封闭社区本身并不增加隔离，他们是一个由私人策略（开发商）和公共策略（吸引纳税人）决定的城市空间生产过程，而这个生产过程与公共政策的长期参与导致的社会分离相一致。封闭社区的扩散不仅是有开发商和家庭建筑业的支持，还是政府部门赚取他们利益的过程，它更多的是与当地政府和社会环境的互动效应。

第二节　混合居住、社会融合和社会机会

一、问题的提出

住房混合会引起社会融合吗？社会融合会创造社会机会吗？这个问题是美国和欧洲城市辩论的核心问题。欧洲和北美的一些国家，一直在进行这样的政治辩论，如果他们有机会生活在一个社会融合的环境中，尤其是穷人，在他们努力同提高生活机会并实现向上的社会流动时，他们将会得到巨大的支持。各种社会理论似乎都支持这一观点，虽然也有相当一些批评。然而，通常很少有法律机会让政客们直接创造社会融合，因此需要极权主义政权，能够干预个人的选择，因此，政客们倾向于使用住房政策工具来达到他们的目标。总之，这种观点是，混合居住（住房类型和使用权类型的混合）会引起社会融合，社会融合（不同社会经济地位的家庭的混合）会创造更好的就业机会。

事实上，这些辩论是基于两个重要的假设：一是社会融合真的提高了个人的机会；二是社会融合和混合居住存在紧密的联系。

在今天欧洲的许多城市，城市重构计划的很大一部分目的是改造战后大规模的住宅区。就住宅的类型和使用权而言，这些地区的房地产类型往往是相同的。这些房地产常常吸引一些社会地位薄弱的家庭和移民。有一种占主导地位的思想，即住房（类型和使用权）的同质性将导致社会的同质性（穷人的集中），从而减少生活在那里的人的社会机会。对于这些住宅区和居住在那里的社会地位薄弱的家庭和移民，这个假设也自然适用。但是值得注意的是，同质化高收入地区对于个人或政策制定者来说从来都没认为是问题，而正如安德森（Andersson，1998）关于瑞典居住隔离的全国住房分析中显示的那样，富人在地理集中度上其实比穷人强很多[①]。

二、混合居住的理论基础和政策实践

一些理论支持这种观点，认为同质化的贫穷居住环境对个人的机会产生消极的影响。最著名的理论强调了社会化进程中可能的消极影响[②]（Wilson 1987）。例如，失业人口的空间集中，会为青少年提供消极的榜样，因此减少青少年提高技能的努力，并减少随后他们在劳动力市场的机会。与此相关的理论指的是社交网络，受到格拉诺维特（Granovetter，1995）关于人们如何得到一份工作的研究启发。社交网络在塑造成功的机会上特别重要，而同质化的贫困社区会减少居民弥合与拥有资源的人之间差距的机会。第三个原因考虑了最差的人的大规模集中带来的潜在的污名化影响，这样的社区会因成为问题集中地而闻名，因此会给人们找到工作的机会带来消极影响[③]。

理论与政策实践之间通常存在明显的联系，社会化、污名化和社交网络积极性影响的思想也因此被作为许多政策的出发点。今天，政治家和关心城市社

---

① Andersson，R. Socio-spatial dynamics：Ethnic divisions of mobility and housing in Post – Palme Sweden. *Urban Studies*，1998，35（3）：397 – 428.

② Wilson，W. J. *The truly disadvantaged*，*the inner city*，*the underclass and public policy.* Chicago：Univ. of Chicago Press，1987.

③ Granovetter，M. *Getting a job. A study of contacts and careers.* 2nd ed. Chicago：University of Chicago Press，1995.

会问题的参与者更倾向于基于区域的干预，即所谓的混合居住策略以达到在社区水平上的人口社会融合。混合居住和社会融合往往被认为对人们的生活有非常积极的影响。房屋类型和房屋产权的混合能够增加社区内的房屋选择，由此避免当户主的选择水平提高时户主想离开的愿望。也就是说，混合居住会减少社会隔离。逻辑是混合居住为积极的社会化提供更好的社会融合和更高的条件；混合居住也会减少污名化，减少贫困居民被环境排除的风险。因此，在欧洲的许多国家如荷兰、英国、法国，德国、瑞典和芬兰，均已明确阐述社区多元化的目标。

在国家政策层面，对于分散穷人（移民）和创建混合社区的呼声也很高。但事实上，一些政治家的目的在于民族混合，而另一些政治家的目的则在于社区混合。在英国，争论相对比较温和，但政治家的目的也是社区混合。房屋产权混合与社会融合是克服邻里效应风险的恰当政治策略。在法国，民族融合问题没有解决，但是社会融合成为法国住房政策的核心原则之一。这也是源于对城市贫民窟的恐惧。产权多元化成为一种为达到社会（或民族）融合而被频繁（采用的手段）使用的工具。因此，争论的一部分也集中于房屋本身。通常认为公共住房加剧了隔离，因为公共住房缩小了租户的社会阶层范围，也因为公共住房住宅空间集中化。这一观点导致了城市更新法则，城市更新法则通过确定每一自治市公共住房的最低百分比的强制目标来解决这一问题。在瑞典，自1974～1975年，社会融合普遍成为房屋政策的目标，但是，根据博雷维（Borevi，2002）分析，自1970～2000年这一期间，这一目标实际上从未优于个人的自由选择。原因可能是：政府和国家可能制定了他们一厢情愿的方针，但是他们并不控制或者不希望控制在正常市场条件下实现这一目标的方法，而所谓的正常市场条件指的是许多行动者影响建造什么、在哪儿建造、为谁建造①。并且，即使实现了房屋类型和房屋产权的混合，但是户主的混合也要视一系列因素而定，如当地经济发展水平、移入或迁移出城市、初始阶段的服务供给水平。因此，政治目标在很大程度上成为用于国家场合的一种手段。然而，目前的社会民主党政府还是不断重申居住混合与社会融合的重要性，正如住房和建筑环

① Borevi，K. Välfärdsstaten i det mångkulturella samhället. Acta Universitatis Upsaliensis. Skrifter utgivna av Statsvetenskapliga föreningen i Uppsala，151. Uppsala，Sweden：Department of Political Science，Uppsala University，2002.

境部部长莫娜·萨林（Mona Sahlin）在2004年9月15号瑞典会议上所阐述的："无论我从社会阶级方面还是种族一体化的角度来讨论，我国每个社区的产权混合都是我努力的目标。那些低收入家庭和高比例的失业人口集中的地区，应该像我们发现的城市其他地方那样，住房安全，社区服务良好。这些地区的特点应该是多种多样的，这意味着对于高于平均收入水平的家庭来讲，居住在这些地区也是可能的并且是有趣的。"在芬兰，关于同质或异质住房地区潜在的影响以及与它们相关的社会效应的争论，也是最激烈的。

大多数政治家认为，居住混合对总人口有利，或至少对社会中相对不富裕的人口有利。事实上，基本理念与那些推动旨在提高穷人生活的北美政策（例如走向机会计划和希望VI）的人没有太大不同。美国和欧洲都旨在实现更多的社会空间混合，因为这将提高人们进入社会的机会。唯一的区别是，在欧洲，实现这一目标的典型方式是通过住房重建过程创造或重建混合社区，而在美国，将人们推向机会的计划似乎占据主导地位，虽然HOPE VI类似于欧洲模式。另一个更大的区别是，与美国干预措施的中等规模相比，欧洲的政策干预更广泛，覆盖了更大的人口比例。

三、混合居住、社会融合和社会机会的关系检验

正在整个欧洲发展的政策一直伴随着批评，在英国，卡恩斯和帕克斯（Kearns and Parkes，2003）注意到，"在英国没有多数人支持收入、阶级和产权混合的社区，房屋所有者特别反对，而租房区域的人则更支持。①"阿特金森和金特雷亚（Atkinson and Kintrea，2001）还提到通过怨恨、冲突和混乱加剧当地问题的风险，或者在不同社会群体之间不愿意进行接触②。马斯特、奥斯坦多芬和德沃斯（Musterd，Ostendorf and De Vos，2003）检验了荷兰政策背后的关键假设，并得出了大量资金花在试图使人口混合，最终以零和博弈而结局的结论。

当然，可以想象在大量人口陷入困境时可能需要以社区为目标的特殊计划，

---

① Kearns，A.，and A. Parkes. Living in and leaving poor neighborhoodconditions in England. *Housing Studies*，2003，18（6）：827－851.

② Atkinson，R.，and K. Kintrea. Disentangling area effects：Evidence from deprived and nondeprived neighborhoods. *Urban Studies*，2001，38（12）：2277－2298.

如梅西和丹顿（Massey and Denton，1993）所说，这些环境中可能会遇到"过度隔离"的情况。在这些情况下，当地社会氛围和机会以及当地社交网络可能确实是逃离这些环境所需要的帮助。但是，以社区为目标的计划已经创造了这样一种环境，在这种环境中，大多数人已经属于有希望的角色模型类别或者人们将能够找到这些角色模型。然而，许多欧洲当局继续要求更多的邻里混合，即使在那些已经有大量混合的地方，这就让人难以想象了。

由此可见，混合居住、社会融合和社会机会之间关系的假设，在文献研究中并没有得到充分的验证。在同质人口的战后住宅区，个体似乎在社交上受到阻隔，社会问题和犯罪成为这些居民日常生活的特征，有时是社会压力太高，有时甚至导致城市骚乱。这些居住地在当地众所周知并经常受到指责，但这并不意味着所有的战后住宅区都存在这些问题，也不意味着所有的社会同质化的住宅或地区都存在问题。关于荷兰的研究实际上表明，在一个城市里位置相似的单位街区，其功能运作有很大的不同（Kempen and Musterd 1991）①。而另一方面，同质人口住宅区有问题的事实并不意味着大的问题不会在其他方面发展。总之，关于混合居住、社会融合和社会机会之间的联系需要一个更加严密的检测。

马斯特和安德森（Musterd and Anderson，2005）就是这样的一个尝试。这项研究表明，尽管瑞典自20世纪90年代中期以来已经有这样的政治目标，结果却是混合居住和社会融合之间的关联不是很强。事实上，在房屋结构方面，大部分同质的地方，远远不是最有问题的地方。这些地区可以在瑞典农村和以住宅所有权为主的郊区的小集中地找到。这些地区中的大多数变成了富人生活的地方②。从另一个角度出发已经表明，异质化住房地区与许多国家居住的地区和难民的百分比很高的地区存在较高的关联性。然而，在居住类型方面，高比例的难民也是所有同类地区的四分之一。在居住类型方面相对同质的区域往往是国家种类较少、难民比例较低的区域。从社会和种族混合变量的角度看，就住房状况而言，无论是在非常同质化的地区还是非常异质化的地区，似乎同质化低收入地区和难民比例高的地区都很好地体现了这一联系，这可能是由于这样

① Kempen, E. Van, and S. Musterd. High-rise housing reconsidered: Some research and policy implications [J]. *Housing Studies*, 1991, 6 (2): 83-95.

② Andersson and Musterd. Housing Mix, Social Mix, and Social Opportunities [J]. *Urban Affairs Review*, 2005 (6): 121-134.

一个事实，即有许多国际工人的地区也相当富裕。

这些调查结果实际上是对那些倾向于过分注重将社区作为问题根源的人的警告。这样的焦点可以容易地将注意力从其他相关的因素分散。在一篇关于混合居住政策的文章中，马斯特（2002）认为虽然社会过程可能在某个社区的某些住宅存量中表现出来，伴随着社会隔离水平的上升或当地贫穷的空间集中，并不一定意味着它们也是由住房或邻里组成的问题造成的。社会、城市和社区都是相互关联的系统，政策反映了邻里问题，因此，应同时考虑这些不同层次的问题。

国家层面的福利国家，区域和全球层面的劳动力市场和经济以及地方层面的社会网络：可能它们都在理解地方层面正在发生的事情中发挥作用。因此，应该同时并入个体，社区和更广泛的上下文变量。从我们详细阐述的分析中可以看出，这些影响的一部分，虽然不是全部可归因于教育差异，教育水平是一个关键问题，因此，对教育的特别关注将有助于减少差距。

第三节　完善我国保障房建设公共政策的建议

总而言之，根据前述各个层面的研究，本书形成了以下几点建议：

（1）保障性住房集中建设的模式降低了弱势群体的生活质量和福利水平，加剧了不同群体的居住空间分异和社会各阶层的社会分化，应该及时完善相应的住房供应制度以预防可能造成的居住隔离、社会极化和公共空间漠视等严重的社会问题。事实上，自从2012年以来，武汉市政府开始意识到保障性住房集中建设可能造成的严重后果，逐渐将保障房的工作重心从数量的多少转换到质量的好坏上，在全国率先提出并实施配建制度。

大多数的研究或观点都表明，封闭小区加剧了当地的隔离，造成了整个都市区的社会不经济，而住房混合会引起社会融合，并通过社会融合会提升或创造个人的社会机会。前者已经不容置疑，后者却存在疑义，有的研究发现混合居住和社会融合之间的关联不是很强，或者说配建、混合居住与社会融合没有必然联系。这说明社区的空间分布不一定是社会融合、社会机会和个人发展问题的根源，社区内部的管理、个人自身的特征才是更内核的因素。

（2）一个人的发展，取决于他所拥有的物质资本、人力资本和社会资本。城市低收入家庭之所以成为贫困的弱势群体，就在于他们所拥有的这三类资本低于社会的其他群体或阶层。贫困，是能力的缺乏，也就是权利和自由的丧失。保障房社区居民的贫困具有和工程移民贫困一样的三个特征：原生性、能力性和介入性，后两者起着至关重要的作用。

对于低收入贫困家庭，住房保障应该不仅仅是为他们提供最低水平的居住条件，而是应为他们提供工作岗位的信息或者直接提供工作，这才是他们不会进一步陷入贫困的长久保证。鉴于低收入人群工作的重要性，对这类人群的保障房建设选址时除了居住的舒适性，首先要考虑的是工作的可得性。当前，个人的知识和技能越来越具有决定个人生活轨迹的意义，人力资本成为能力建设的核心。从长远看，通过教育或培训提高低收入人群的人力资本，解决好他们的就业或再就业问题，才是赋予他们的最好保障（杨云彦，2005）。

在保障房社区居民这一整体下，不同亚群体面临的就业问题是不同的，居住—就业空间失配的程度也各不相同，对不同亚群体的保障措施和力度也应该有所区别：对于老弱病残这一类特别弱势、各类资本或禀赋无法提高的人群，应该在就近的社区范围内直接提供适合他们的简单服务性工作岗位；对于其他的亚群体，如年龄并不老大、身体健康的人群，则应该更多地通过培训提高他们的就业能力或提供信息来帮助他们就业。

（3）保障房建设的空间问题本质上是经济性和社会性的权衡。一方面，不管是经济适用房、公租房还是廉租房的建设，其初衷都是为了解决城市中低收入家庭的住房困难，是一项民生工程。但是因为保障性住房的建设给地方政府的资金和土地造成了极大的压力，地方政府出于“土地财政”的利益驱动，选择将保障性住房项目安排在地价便宜的偏远区域，减少用地的机会成本，此所谓社会性让位于经济性。

另一方面，如果政府将保障性住房选址于位置好或发育成熟的地块，将出现两个问题：一是住房保障提供的福利越多越好，就会吸引越来越多的低收入群体，这些群体可能会因此逐渐产生等、要、靠的思想，不仅使得政府的负担进一步加大，同时对没有享受住房保障的群体来说也形成一种不公平；二是低收入群体的入住有可能对社区及周边产生负的外部效应，如降低社区人口素质和消费水平，加重社区治安问题等，这些将影响社区及周边房产的增值，还可能引发高收入群体的出走（郑思齐，2010）。此所谓忽略经济性而太关注福利性。

因此，保障房的福利目标是实现救济、适度提高被保障对象的福利水平，保障不足则居住问题继续，而保障过度不仅有失公平，还可能导致寻租的行为（经济适用房的分配就是一个很好的例子）。

（4）任何政策有一个动态发展、试错调整、然后逐步完善的过程。欧洲国家的公共住房政策也大多经历过公共住房大规模集中建设、缺乏后期维护，导致低收入群体聚集、生活水平低下等过程和问题。在中国，保障性住房的大规模边缘化似乎是住房保障发展过程中的一种必然。

同时，任何一个社区或小区的发展通常来说都不是一蹴而就的（除非位置特别好，或周边已经成熟的小区），都有一个成员入住、基础设施逐步完善、公共服务设施进入和成熟的过程。保障性住房社区因为资金的紧张，这个过程变得更加缓慢和漫长。但不管怎样，随着时间的推移，保障房的设施总体来说越来越完善，居民的社区依恋越来越浓厚。这里既是发展过程的必然，不可否认也有政府的反省和补救。

（5）政府在保障房公共政策的构建和实施过程中，要预防利益集团对公共政策的绑架，才能真正全面协调社会矛盾，促进全社会的整体福利水平。回顾住房保障发展的历程，我们既要看到事物的进步，同时也不能忘记在发展过程中出现的各种不公。贫困和不平等是社会不同群体之间在利益分配过程中争夺有限资源的结果。同时，贫困和不平等，不管在欧美等资本主义国家还是中国这样的社会主义国家都是一种不可避免的存在。中国住房保障的政策导向、制度设计（预售制度和房产税开征）和执行都有待于通过住房公共政策来进一步完善。

综上所述，保障性住房的空间选址不仅会影响低收入家庭的生活质量、福利水平和发展机会，也会影响整个城市的社会空间演变，需要有良好的制度安排、有效的政策工具和成熟的住房市场来实现其空间布局的优化（郑思齐，2010）[①]。

① 郑思齐、张英杰：《保障性住房的空间选址：理论基础、国际经验与中国现实》，载《现代城市研究》2010年第9期。

政府、社会、城市、社区及个人都是相互关联的系统，因此，政策应同时考虑和反映这些不同层次的问题。改善空间选址的制度，关键在于改变地方政府和开发商的行为动机。只有进行更深层次的激励制度改进和政策设计，保障性住房空间布局的不断优化才能更具可持续性。

第四节　本章小结

本章首先详细探讨了社区的两种极端形式：封闭社区和混合社区，它们的特征、形成机制和社会效应，在此基础上，进行我国保障房建设的公共政策分析。

第一节详细讨论了封闭社区的类型和相应的选址特征、封闭小区的形成机制和对社会隔离的影响。封闭社区这种由私人共同提供公共基础设施的形式，主要源于地方政府通常利用这种形式进行土地开发来支付城市扩张的费用，但结果是加剧了当地的隔离，造成了整个都市区的社会不经济。

第二节讨论了混合居住、社会融合和社会机会的关系。欧美的很多社会理论和政客都支持这样一个观点：社会融合和混合居住存在紧密的联系，同时社会融合真的提高了个人的机会。该观点的理论基础是认为同质化的贫穷居住环境通过社会化、污名化和社交网络积极性三个途径对个人的机会产生消极的影响。但是混合居住、社会融合和社会机会之间关系的假设，在文献研究中并没有得到充分的验证。混合居住和社会融合之间的关联不是很强。社会隔离水平的上升或当地贫穷的空间集中，并不一定意味着它们也是由住房或邻里组成的问题造成的。社会、城市和社区都是相互关联的系统，政策反映了邻里问题，因此，应同时考虑这些不同层次的问题。

最后，作为政府为促进社会公平正义、增加社会总体福利而设计的、具有社会保障属性的住房保障政策，本节深刻分析了这些问题背后的原因，可能或已经造成的影响，讨论了基本的改进和完善策略。

第九章
总结与展望

第一节　研究总结

保障房建设是我国住房保障的一项重要措施，关于住房保障的研究在2012年之前主要围绕住房保障制度的现状、问题及对策研究等主题展开①。本书运用森的功能和能力福利理论，并从社会空间的新视角，并以武汉市保障性住房（包括经济适用房、公共租赁房和廉租房）为例进行保障房建设对社会空间的影响及福利变化测度研究，本书的主要结论如下：

（1）本书按照从数量到结构、从宏观到微观、从面到点、从总体到个体的顺序阐述保障房建设的发展历程，总体描述武汉市历年保障房的空间分布，对调研的部分小区进行小区层面和家庭成员层面的特征表述，旨在对武汉市保障房建设和保障房小区的总体特征做一个整体性的概括，发现武汉保障房建设存在的基本问题为福利性与经济性难以兼顾、城市空间分异和空间失配日益严重、公共设施配套不完善及环境恶化。

（2）应用居住分异理论，通过搜集和挖掘武汉市分环线和分街道层面的保障房社区居住人数的相关数据，综合运用全局分析指数和局部分析指数两类指标对武汉市保障房社区居住空间分异的程度进行全面的实证检验，得到以下结论：武汉市保障房的建设导致了社会空间一定程度的分异，采用不同层级的数据，测度结果的显著性略有不同，但空间分异的程度均呈现出先快速然后缓慢增长的一致趋势；同时，街道级别的微观数据能更加准确地测度隔离程度；武汉市保障房的空间分布表现出边缘化、规模化和集中化的整体特点。其形成机制主要源于保障房的非营利性、城市规划的定向引导以及城中村改造与保障房建设的联动开发。由此，从不同阶段和建设模式出发提出改善保障房建设空间分异的对策建议。

（3）美国城市化的特征体现为居住就业郊区化，而我国仍然是城市中心集

① 李梦玄、周义：《保障房建设的社会福利效应测度和实证研究》，载《中南财经政法大学学报》2012年第5期。

聚化。基于完全不同的背景，本书深入对比了中美空间失配的表现和形成机制。美国的空间失配主要是隔离住在内城的少数族裔通勤到郊区就业或者失业，具体的形成机制有住房市场歧视、通勤成本、搜寻成本、搜寻效率和动机等①。中国的空间失配主要表现为住在城市边缘的低收入者通勤到中心区就业，形成机制主要是土地与住房政策、城市与交通规划政策等制度因素的制约。由于中美空间失配的根本原因相同，所以政策建议都是提高弱势群体的通勤能力、迁居能力和信息搜寻能力，但中国学者的建议更侧重于通勤能力和工作技能的提升②。

本书应用空间失配理论，从居住—就业区位选择行为角度出发，基于武汉市的582个被保障家庭调查数据，实证检验了保障房社区居民空间失配的存在性，通过被保障对象迁居前后净收入的变化以及考虑通勤时间变化的CVM方法，全面测算了被保障对象因为居住—就业空间失配而引致的福利损失，分析了被保障对象为消除新增空间失配的支付意愿的影响因素③。研究发现：①绝大部分保障房社区居民迁入当前小区后，通勤时间和距离大幅增加，居住—就业空间失配严重。②与净收入变化法只度量了被保障对象的经济福利变化相比，考虑了通勤时间变化的CVM方法全面地测度了保障房社区居民由于空间失配而导致的综合福利变化。③影响保障房社区居民对原居住区位支付意愿最主要的因素是收入，其次还有人口、性别、教育年限和年龄④。

（4）本书首先应用森的可行能力理论，提出了构成入住保障房社区居民福利的功能性活动和评价指标体系，使用模糊评判方法对被保障对象的福利变化进行测度。结果显示，虽然被保障对象总体福利水平有所上升，但是上升的幅度偏小。从功能指标看，除了居住条件、心理状况有了非常明显的改善，被保障对象的生活条件、教育设施、就业条件和交通条件均有不同程度的恶化。为进一步提高这些家庭的福利水平，保障房应选址在市区就业机会多的地方，保障房的公共设施也需逐步完善⑤。

---

①② 李梦玄、周义：《中美城市化空间失配形成机制对比分析》，载《金融教学与研究》2015年第4期。

③④ 李梦玄、周义、胡培：《保障房社区居民居住—就业空间失配福利损失研究》，载《城市发展研究》2013年第10期。

⑤ 李梦玄、周义：《保障房建设的社会福利效应测度和实证研究》，载《中南财经政法大学学报》2012年第5期。

然后，基于森的可行能力理论，借鉴塞思的广义均值双参数模型，构造了同时考虑维度不平等与权重等影响的新福利指数，测度了武汉市被保障对象在迁居保障房小区前后真实福利的变化。研究结果发现：①在整体福利方面，由于迁居后被保障对象福利分布均匀性有所改善，使得新模型测度的真实福利水平，相对于从总体平均角度出发的传统模型，改善更加显著。即：被保障对象在迁居后的整体福利水平和福利分布都有所改善，新模型更准确、更全面地测度并反映了研究对象的福利变化。②在各维度福利方面，就福利水平而言，被保障对象迁居后只有居住条件、心理状况改善显著，而其余三个维度包括公共服务设施条件、就业条件和交通条件都表现出不同程度的恶化；就福利分布而言，心理状况、就业环境和交通条件的福利分布在迁居后趋向收敛，居住条件福利分布则趋向发散，公共设施条件福利分布无明显变化①。由于三个维度福利水平的下降都和保障房的选址比较偏远有较为明显的关系，因此建议保障房项目的空间区位适中，空间分布分散化。

（5）本书基于2015年5月抽样调查数据，从居民的主观感知出发测度了武汉保障房社区居民的社区依恋感，从一个新的时间、新的角度整体评价武汉保障房建设的社会福利效应，重点对比分析了经济适用房社区和公租房社区居民在社区依恋上的差异，并从社区社会环境、物质环境和个体特征三个方面对比分析了不同类型保障房社区居民社区依恋的影响因素②。结果发现：①武汉保障房社区居民对其所在的社区具有较强的依恋情感，并且经济适用房社区的居民明显表现出比公租房社区居民更深的社区依恋情感。②就影响因素而言，社会环境特征尤其是社会安全和秩序、社区交往和支持等因素对保障房社区居民的社区依恋存在显著的影响，与公租房社区居民受社会安全和秩序的影响更多不同，社区交往和支持对经济适用房社区的居民影响更为显著；居民对社区物质环境特征的主观评价对社区依恋影响较大，经济适用房社区的居民受居住条件、生活条件和教育环境的影响更大，而公租房社区的居民受生活条件、交通条件和就业环境的影响更明显；在居民的个体特征中，年龄、婚姻状况、居住时间和健康状况均与保障房社区尤其是经济适用房社区居民的社区依恋有较为紧密

① 李梦玄、周义：《考虑分布不平等的保障房建设福利效应测度研究》，载《当代经济》2016年第36期。
② 李梦玄、王慧喆、周义：《保障房社区居民社区依恋感测度》，载《城市问题》2017年第4期。

的联系，而经济状况和家庭结构没有呈现预期的显著关系[①]。可见，随着时间的增长，社会环境和物质环境在逐渐地改善，个体对保障房小区的依恋亦即福利评价也在日益增加。

（6）本书运用归纳的方法总结以上各方面内容的研究结论，并在对社区的两种极端形式：封闭社区和混合社区的特征、形成机制和社会效应的分析基础上，结合福利经济学、公共政策学的相关理论，从城市发展规划、住区建设模式、住房保障体系完善等层面提出相应的政策建议，得出保障房建设中公共选择的选择标准和选择方式，构建出公平、有效的保障房建设的公共政策体系。

第二节　研究不足与展望

按照我国对城市住房问题的总体规划，保障房建设在未来一段时间仍将是我国社会保障政策的重要着力点，保障房社区作为城市的一个重要组成部分，它对城市发展及城市社会空间的影响将受到更多专家和学者的重视。本书重点分析了保障房建设对城市社会空间的影响及被保障对象在入住保障房社区前后总体福利水平的变化状况，探究其成因，为完善住房保障制度、探索改善低收入家庭整体状况途径提供有益的借鉴[②]。应该说本书在保障房建设对城市社会空间的影响及福利变化测度方面做了比较全面、深入和系统的研究，但是本书在实际的研究过程中，遇到了比计划要复杂的困难，也因此还存在许多不足：

（1）数据。本书的第三章保障房空间分布发展历程现状分析和第四章保障房建设对社会空间分异的影响测度，都因为数据的可得性受限，部分数据只能利用网上的二手资料，导致这两章研究深度和准确性的不足。笔者带领研究团队多次去武汉住房保障和房屋管理局，希望获得武汉市历年保障房（分经济适用房、廉租房和公租房）的建设数量、规模、结构和选址数据，但是对方的回

① 李梦玄、王慧喆、周义：《保障房社区居民社区依恋感测度》，载《城市问题》2017 年第 4 期。
② 李梦玄、周义：《保障房建设的社会福利效应测度和实证研究》，载《中南财经政法大学学报》2012 年第 5 期。

复是往年收集数据的工作人员调动、数据也相应遗失，或者是往年的数据只有网络上公布的那些。所以本书的研究深度受到数据相对缺乏的直接冲击和影响。

（2）方法。第四章原来计划研究保障房建设的空间分异效应检验、形成机制和福利测度研究，但最后实际的研究内容为保障房建设的空间分异效应检验与形成机制研究，缺少了福利测度的内容①。原因在于即使采用计划的 CVM 方法，仍然无法准确测度。当采用情景设定时，询问被调研对象：您认为保障房建设在这个地址，对您形成了空间隔离的感觉吗？您被隔离的感觉是什么程度呢？这样的回答是非常粗略的，不能形成对该效应的准确测度。福利的测度是一个非常复杂的问题，本书在这方面做了一些有益的探索，但未来的道路还很长。

（3）内容。首先，本书的研究实际上是以武汉市为例的局部性研究，虽然武汉市保障房建设具有一定的代表性，但还是缺乏全国性层面的综合性研究。其次，保障房建设对城市社会空间的影响及其福利测度是一个需要对住房保障、社会空间及福利三个主题都要有厚实理论基础的学术问题，而且每一个主题的基础和内容都可以说博大精深。本书对这些主题的探讨与研究，如社会空间问题只从居住空间分异和居住就业空间失配这两个主要方面做了一些工作，因此，还有许多值得进一步拓展和深入学习和研究的工作。

总之，保障房建设对城市社会空间的影响及其福利测度是一项具有长期性和艰巨性的课题，本书的研究只是一个初步探索，还需要在今后的研究中不断地扩展和深化。

---

① 胡培：《保障房社区居民职住分离及福利损失研究》，中南财经政法大学博士学位论文，2015 年。

参考文献

［1］阿马蒂亚·森：《集体选择与社会福利》，社会科学文献出版社2004年版。

［2］阿马蒂亚·森：《论经济不平等》，社会科学文献出版社2006年版。

［3］阿马蒂亚·森：《以自由看待发展》，中国人民大学出版社2013年版。

［4］艾少伟、李娟、段小微：《城市回族社区的地方性——基于开封东大寺回族社区地方依恋研究》，载《人文地理》2013年第6期。

［5］巴曙松、王志峰：《资金来源、制度变革与国际经验借鉴——源自公共廉租房》，载《改革》2010年第3期。

［6］庇古：《福利经济学》，商务印书馆2006年版。

［7］柴彦斌、张艳、刘志林：《职住分离的空间差异性及其影响因素研究》，载《地理学报》2011年第2期。

［8］陈泓冰、林超：《基于GIS的保障性住房选址的决策因素分析》，载《测绘与空间地理信息》2014年第10期。

［9］单文慧：《不同收入阶层混合居住模式——价值评判与实施策略》，载《住区规划研究》2001年第2期。

［10］冯健、吴静云、谢秀珍、黄珏：《从“人口空间”解读城市：武汉的实例》，载《城市发展研究》2011年第2期。

［11］冯健、周一星：《北京都市区社会空间结构及其演化（1982－2000）》，载《地理研究》2003年第4期。

［12］冯健、周一星：《转型期北京社会空间分异重构》，载《地理学报》2008年第8期。

［13］高进云、乔荣锋：《森的可行能力理论框架下土地征收对农民福利的影响测度》，载《中国软科学》2010年第12期。

［14］高进云、乔荣锋、张安录：《农地城市流转前后农户福利变化的模糊评价——基于森的可行能力理论》，载《管理世界》2007年第6期。

[15] 顾翠红、魏清泉：《上海市职住分离情况定量分析》，载《规划师》2008 年第 6 期。

[16] 国务院发展研究中心：《世界银行 IFC 中低收入人群住房政策》，世界银行 IFC 中低收入人群住房政策研讨会，2007 年。

[17] 何婧：《系统制图在城市规划管理中的应用与成效》，载《中国科技信息》2014 年第 Z1 期。

[18] 何强、吕光明：《福利测度方法的研究述评》，载《财经问题研究》2009 年第 7 期。

[19] 胡娟、胡忆东、朱丽霞：《基于“职住平衡”理念的武汉市空间发展探索》，载《城市规划》2013 年第 8 期。

[20] 胡培：《保障房社区居民职住分离及福利损失研究》，中南财经政法大学博士论文，2015 年。

[21] 黄靖、王先文：《东莞小城镇外来人口居住空间隔离与整合问题研究》，载《华中建筑》2004 年第 3 期。

[22] 黄友琴、易成栋：《户口、迁移与居住分异——以武汉为例的实证研究》，载《城市发展研究》2009 年第 6 期。

[23] 黄有光著：《福利经济学》，中国友谊出版社 1991 年版。

[24] 贾康、刘军民：《我国住房改革与住房保障问题研究》，载《财政研究》2007 年第 7 期。

[25] 焦华富、胡静：《芜湖市就业与居住空间匹配研究》，载《地理科学》2011 年第 7 期。

[26] 康琪雪：《我国城市居住空间结构存在的问题及原因分析》，载《经济体制改革》2010 年第 2 期。

[27] 李纯斌、吴静：《“空间失配”假设及对中国城市问题研究的启示》，载《城市问题》2006 年第 2 期。

[28] 李梦玄、王慧喆、周义：《保障房社区居民社区依恋感测度》，载《城市问题》2017 年第 4 期。

[29] 李梦玄、周义：《保障房建设的社会福利效应测度和实证研究》，载《中南财经政法大学学报》2012 年第 5 期。

[30] 李梦玄、周义：《考虑分布不平等的保障房建设福利效应测度研究》，

载《当代经济》2016 年第 36 期。

[31] 李梦玄、周义：《中美城市化空间失配形成机制对比分析》，载《金融教学与研究》2015 年第 4 期。

[32] 李梦玄、周义、胡培：《保障房社区居民居住—就业空间失配福利损失研究》，载《城市发展研究》2013 年第 10 期。

[33] 李志刚、吴缚龙：《转型期上海社会空间分异研究》，载《地理学报》2006 年第 2 期。

[34] 李志刚、吴缚龙、高向东：《“全球城市”极化与上海社会空间分异研究》，载《地理科学》2007 年第 3 期。

[35] 李志刚、吴缚龙、薛德升：《“后社会主义城市”社会空间分异研究述评》，载《人文地理》2006 年第 5 期。

[36] 林毅夫、蔡昉、李周：《中国经济转型时期的地区差距分析》，载《经济研究》1998 年第 6 期。

[37] 刘碧寒、沈凡卜：《北京都市区就业—居住空间结构及特征研究》，载《人文地理》2011 年第 4 期。

[38] 刘兰：《武汉市经济适用房空间演变规律及影响因素研究》，华中科技大学硕士论文，2010 年。

[39] 刘璐：《城市居住空间分异研究——以成都为例》，西南财经大学硕士学位论文，2006 年。

[40] 刘旺、张文忠、刘长岐：《北京市城市内部人居环境评价及对居住建设的启示》，载《华中建筑》2004 年第 1 期。

[41] 刘望保、翁计传：《住房制度改革对中国城市居住分异的影响》，载《人文地理》2007 年第 1 期。

[42] 刘玉亭、何深静、魏立华、吴缚龙：《市场转型背景下南京市的住房分异》，载《中国人口科学》2007 年第 6 期。

[43] 刘玉亭、何深静、吴缚龙：《英国的住房体系和住房政策》，载《城市规划》2007 年第 9 期。

[44] 刘志林、王茂军：《北京市职住空间错位对居民通勤行为的影响分析——基于就业可达性与通勤时间的讨论》，载《地理学报》2011 年第 4 期。

[45] 刘志林、王茂军、柴彦威：《空间错位理论研究进展与方法论评述》，

载《人文地理》2010 年第 1 期。

[46] 吕露光：《城市居住空间分异及贫困人口分布状况研究——以合肥市为例》，载《城市规划》2004 年第 6 期。

[47] 马光红、严国梁：《经济适用房空间失配与福利损失问题研究》，载《建筑管理现代化》2008 年第 1 期。

[48] 孟晓晨、吴静、沈凡卜：《职住平衡的研究回顾及观点综述》，载《城市发展研究》2009 年第 6 期。

[49] 彭开丽：《农地城市流转的社会福利效应》，华中农业大学博士论文，2008 年。

[50] 钱瑛瑛、陈哲、徐莹：《基于空间失配理论的上海市中低价位商品房选址研究》，载《现代城市研究》2007 年第 3 期。

[51] 邱梦华：《中国城市居住分异研究》，载《城市问题》2007 年第 3 期。

[52] 师春梅：《城市居住空间分异问题研究综述》，载《黑河学刊》2010 年第 11 期。

[53] 石恩名、刘望保、唐艺窈：《国内外社会空间分异测度研究综述》，载《地理科学进展》2015 年第 7 期。

[54] 宋伟轩、吴启焰、朱喜钢：《新时期南京居住空间分异研究》，载《地理学报》2010 年第 6 期。

[55] 孙斌栋、吴雅菲：《中国城市居住空间分异研究的进展与展望》，载《城市规划》2009 年第 6 期。

[56] 汪坤、刘臻、何深静：《广州封闭社区居民社区依恋及其影响因素》，载《热带地理》2015 年第 3 期。

[57] 王宁、王录仓、李纯斌等：《基于“空间失配”假设的居民就业障碍研究：以兰州市城关区城中村为例》，载《经济地理》2009 年第 4 期。

[58] 王晓倩：《沈阳市社会空间分异与保障房布局研究》，沈阳建筑大学硕士论文，2012 年。

[59] 王效容：《保障房住区对城市社会空间的影响及评估研究》，东南大学博士论文，2016 年。

[60] 王兴中等：《中国城市社会空间结构研究》，科学出版社 2007 年版。

[61] 魏立华、刘玉亭：《转型期中国城市“社会空间问题”的研究述评》，

载《国际城市规划》2010 年第 6 期。

[62] 魏立华、闫小培：《转型期中国城市社会空间演进动力及其模式研究——以广州市为例》，载《地理与地理信息科学》2006 年第 1 期。

[63] 吴启焰：《大城市居住空间分异研究的理论与实践》，科学出版社 2001 年版。

[64] 吴启焰、任东明、杨荫凯：《城市居住空间分异的理论基础与研究层次》，载《人文地理》2000 年第 3 期。

[65] 吴启焰、张京祥、朱喜钢、徐逸伦：《现代中国城市居住空间分异机制的理论研究》，载《人文地理》2002 年第 3 期。

[66] 徐烽烽、李放、唐焱：《苏南农户土地承包经营权置换城镇社会保障前后福利变化的模糊评价——基于森的可行能力视角》，载《中国农村经济》2010 年第 8 期。

[67] 徐涛、宋金平等：《北京居住与就业的空间错位研究》，载《地理科学》2009 年第 2 期。

[68] 许学强、胡华颖、叶嘉安等：《广州市社会空间结构的因子生态分析》，载《地理学报》1989 年第 4 期。

[69] 闫月花：《武汉市中青年群体居住空间分异研究》，华中师范大学硕士论文，2013 年。

[70] 杨靖、张嵩、汪冬宁：《保障性住房的选址策略研究》，载《城市规划》2009 年第 12 期。

[71] 杨缅昆：《社会福利指数构造的理论和方法初探》，载《统计研究》2009 年第 7 期。

[72] 杨上广：《大城市社会极化的空间响应研究》，华东师范大学博士论文，2005 年。

[73] 杨上广：《大城市社会空间结构演变的动力机制研究》，载《社会科学》2005 年第 10 期。

[74] 杨上广：《大城市社会空间结构演变研究——以上海市为例》，载《城市规划学刊》2005 年第 5 期。

[75] 杨上广：《中国大城市社会空间的演化》，华东理工大学出版社 2006 年版。

［76］杨上广、王春兰：《上海城市居住空间分异的社会学研究》，载《社会》2006 年第 6 期。

［77］杨云彦、黄瑞芹、胡静、石智雷：《社会变迁、介入性贫困与能力再造》，中国社会科学出版社 2005 年版。

［78］杨昀、保继刚：《旅游社区外来经营者地方依恋的特征分析——以阳朔西街为例》，载《人文地理》2012 年第 6 期。

［79］姚明霞：《西方理论福利经济学研究》，中国人民大学博士论文，2001 年。

［80］姚洋：《社会排斥和经济歧视—东部农村地区移民的现状调查》，载《战略与管理》2001 年第 3 期。

［81］易宪容：《中国住房市场的公共政策研究》，载《管理世界》2009 年第 10 期。

［82］余谦、高萍：《中国农村社会福利指数的构造及实测分析》，载《中国农村经济》2011 年第 7 期。

［83］俞路、赵永全：《人口分布、隔离指数及其地理视角——以上海市外来人口分布为例》，载《市场与人口分析》2007 年第 3 期。

［84］虞蔚：《城市社会空间的研究与规划》，载《城市规划》1986 年第 6 期。

［85］曾德珩、全利：《关于公租房社区的居住与就业空间匹配问题：以重庆市为例》，载《城市问题》2014 年第 2 期。

［86］张大威：《基于 GIS 的武汉市经济适用房布局研究》，湖北大学硕士论文，2011 年。

［87］张鸿雁：《城市空间的社会与“城市文化资本”论——城市公共空间市民属性研究》，载《城市问题》2005 年第 5 期。

［88］张建坤、张佳文：《南京市保障房住区城市空间分异研究》，载《现代城市》2014 年第 2 期。

［89］张京祥、李阿萌：《保障性住区建设的社会空间效应反思——基于南京典型住区的实证研究》，载《国际城市规划》2013 年第 1 期。

［90］张清君、杜德斌：《略论美国的住房问题与人口极化》，载《现代城市研究》2000 年第 3 期。

［91］张莹：《武陵山退耕还林区生态移民福利变化研究》，华中农业大学硕

士论文，2015 年。

［92］张祚、李江风、刘艳中、黄琳：《经济适用房空间分布对居住空间分异的影响——以武汉市为例》，载《城市问题》2008 年第 7 期。

［93］赵军、杨凯：《自然资源与环境价值评估：条件估值法及应用原则探讨》，载《自然资源学报》2006 年第 5 期。

［94］郑功成：《社会保障学——理念、制度、实践与思辨》，商务印书馆 2000 年版。

［95］郑静、许学强、陈浩光：《广州市社会空间的因子生态再分析》，载《地理研究》1995 年第 2 期。

［96］郑思齐：《就业与居住的空间匹配——基于城市经济学角度的思考》，载《城市问题》2007 年第 6 期。

［97］郑思齐、符育明、任荣荣：《住房保障的财政成本承担：中央政府还是地方政府》，载《公共行政评论》2009 年第 6 期。

［98］郑思齐、龙奋杰、王轶军，等：《就业与居住的空间匹配——基于城市经济学角度的思考》，载《经济问题》2007 年第 6 期。

［99］郑思齐、张英杰：《保障性住房的空间选址：理论基础、国际经验与中国现实》，载《现代城市研究》2010 年第 9 期。

［100］郑艳玲、王荣成、甘静：《长春市居住空间分异特征与动力机制研究》，载《资源开发与市场》2016 年第 3 期。

［101］周华：《基于特征价格的西安市住宅价格空间分异研究》，西北大学硕士学位论文，2005 年。

［102］周江评：《“空间不匹配”假设与城市弱势群体就业问题：美国相关研究及其对中国的启示》，载《现代城市研究》2004 年第 9 期。

［103］周素红、程璐萍、吴志东：《广州市保障性住房社区居民的居住—就业选择与空间匹配性》，载《地理研究》2010 年第 10 期。

［104］周义：《巨工程项目冲击下移民的福利变迁、能力补偿和博弈分析》，重庆大学博士论文，2014 年。

［105］周义、李梦玄：《基于多维不平等的中国城市社会福利测度与比较研究》，载《中国科技论坛》2013 年第 11 期。

［106］周义、李梦玄：《考虑不平等因素的农村福利指数构造及实测》，载

《中国人口·资源与环境》2013 年第 6 期。

[107] 周义、李梦玄:《失地冲击下农民福利的改变和分化》, 载《农业技术经济》2014 年第 1 期。

[108] 周应恒、彭晓佳:《江苏省城市消费者对食品安全支付意愿的实证研究——以低残留青菜为例》, 载《经济学 (季刊)》2006 年第 4 期。

[109] 朱亚鹏:《实现住房权利: 中国的实践与挑战》, 载《公共管理评论》2010 年第 2 期。

[110] 朱亚鹏:《中国住房保障政策分析_社会政策视角》, 载《公共行政评论》2008 年第 4 期。

[111] Akerlof and Kranton. Economics and Identity [J]. *Quarterly Journal of Economics*, 2000 (3): 120-129.

[112] Allardt, E. Dimensions of Welfare in a Comparative Scandinavian Study [J]. *Acta Sociological*, 1976 (9): 227-239.

[113] Andersson and Musterd. Housing Mix, Social Mix, and Social Opportunities [J]. *Urban Affairs Review*, 2005 (6): 121-134.

[114] Andersson, R. Socio-spatial dynamics: Ethnic divisions of mobility and housing in Post-Palme Swedenh [J]. *Urban Studies*, 1998. 35 (3): 397-428.

[115] Atkinson, Bourguignon. The Comparison of Multi-Dimensioned Distributions of Economic Status [J]. *Review of Economic Studies*, 1982, 49 (2): 183-201.

[116] Atkinson, R., and K. Kintrea. Disentangling area effects: Evidence from deprived and non-deprived neighborhoods [J]. *Urban Studies*, 2001, 38 (12): 2277-2298.

[117] Atkinson. On the Measurement of Inequality [J]. *Journal of Economic Theory*, 1970. Vol. 2, No. 3, September, 244-263.

[118] Barr, David. Barr N, *Why nest. Current Issues in the Economics of Welfare* [M]. St. Martin's Press, 2000.

[119] Bayer, McMillan, and Rueben. Residential Segregation in General Equilibrium [J]. *NBER Working Papers*, 2005 (11): 95-110.

[120] Blakely, E. J. and Snyder, M. G. Fortress America: Gated Communities

in the United States (Washington DC and Cambridge, MA: Brookings Institution Press & Lincoln Institute of Land Policy), 1997.

[121] Bogart. The Economics of City and Suburbs. Upper Saddle River, NJ: Prentice - Hall, 1998.

[122] Borevi, K. 2002. Välfärdsstaten i det mångkulturella samhället. Acta Universitatis Upsaliensis. Skrifter utgivna av Statsvetenskapliga föreningen i Uppsala, 151. Uppsala, Sweden: Department of Political Science, Uppsala University.

[123] Brueckner, Martin. Spatial mismatch: an equilibrium analysis [J]. *Regional Science and Urban Economics*, 1997 (27): 693 - 714.

[124] Brueckner, Zenou. Space andunemployment: the labor-market effects of spatial mismatch [J]. *Journal of Labor Eco nomics*, 2003 (21): 242 - 266.

[125] Cerioli, A., Zani S. A Fuzzy Approach to the Measurement of Poverty, in Dagum, C. and Zenga, M. (eds), *Income and Wealth Distribution, Inequality and Poverty*, Studies in Contemporary Economics, Spinger Velag, Berlin, 1990: 272 - 284.

[126] Chavas, Patricia M., Kristjanson, PeterMatlon. On the role of information in decision making: The case of sorghum yield in Burkina Faso [J]. *Journal of Development Economics*, 1991 (4): 261 - 280.

[127] Cheli, B, Lemmi, A. A 'Totally' Fuzzy and Relative Approach to the Multidimensional Analysis of Poverty [J]. *Economic Notes*, 1995 (24): 115 - 133.

[128] Chris Sidoti. Housingasa Human Right. National Conferenceon Hom elessness Council, 1996.

[129] Coulson, Laing and Wang. Spatial mismatch in search equilibrium [J]. *Journal of Labor Economics*, 2001 (19): 949 - 972.

[130] David and Colin. *Improved Composition and Method Of Use* [M]. Univ. of Chicago Press, 1982.

[131] Davis R K. Recreation planning as an economic problem [J]. *Natural Resources Journal*, 1963 (3): 239 - 249.

[132] Dear and Wolch. The Power of Geography: How Territory Shapes Social Life. Transactions of the Institute of British Geographers, 1989.

[133] Dear. and Wolch (ed.). *The power of Geography* [M]. Boston: Unwin-Hyman, 1989: 9 - 12.

[134] Derek Parfit. *Reason and Person* [M]. Oxford University Press, 1984.

[135] Fahey, Norris M. Housing and the Welfare State: An overview [J]. *Housing Theory and Society*, 2009 (4): 761 - 798.

[136] Fainstein. S. S. *Divided cities: New York and London in the contemporary world* [M]. Oxford: Blackwell, 1992: 23 - 36.

[137] Foldvary, F. Public Goods and Private Communities: the Market Provision of Social Services (Aldershot: Edward Elgar), 1994.

[138] Gobillon, Selod and Zenou. The mechanisms of spatial mismatch [J]. *Urban Studies*, 2007, 44 (12): 2401 - 2427.

[139] Granovetter, M. *Getting a job. A study of contacts and careers.* 2nd ed. Chicago: University Of Chicago Press, 1995.

[140] Greenbaum S. Social capital and deconcentration: theoretical and policy paradoxes of the Hope VI program [J]. *N Am Dialogue*, 2002, 5 (1): 9 - 13.

[141] Guest AM, Lee BA. Sentiment and evaluation as ecological variables [J]. *Social Perspect*, 1983, 26 (2): 159 - 184.

[142] Harvey, Spatial Variation of Export Employment Multipliers: A Cross - Section Analysis [J]. *Land Economics*, 1973 (4): 469 - 481.

[143] Helsley, R. W. and Strange, W. C. Gated communities and the economic geography of crime, *Journal of Urban Economics* [J]. 1999 (46): 80 - 105.

[144] Hicks, D. A. The Inequality Adjusted Human Development Index: A Constructive Proposal. *World Development*, 1997: 83 - 98.

[145] Hoff and Pandey, Belief Systems and Durable Inequalities: An Experimental Investigation of Indian Caste [J]. *Social Science Electronic Publishing*, 2004.

[146] Hutchinson P M. *The effect of accessibility and segregation on the employment of the urban poor*, pp. 77 - 96 in Patterns of Racial Discrimination, Vol. 1, Geoge M. Von Furstenberg, Bennett Harrison, and Ann R. Horowitz, eds [M]. Lexington, Mass: Lexington Books, 1974.

[147] Immergluk. Job proximity and the urban employment problem: do suitable

nearby jobs improve neighbor-hood employment rates? [J]. *Urban Studies*, 1998 (35): 7 –23.

[148] Jencks C, Mayer S E. Residential Segregation, Job Proximity, and Black Job Opportunities [A]. Inner – City Poverty in the United States, ed. Lawrence E. Lynn, Jr. and Michael G. H. McGreary. Washington, DC: National Academy Press, 1990: 187 –222.

[149] Kain J F. The spatial mismatch hypothesis: three decades later, Housing Policy Debate, 1992, 3 (2): 371 –460.

[150] Kain. Housing Segregation, Negro Employment, and Metropolitan Decentralization [J]. *Quarterly Journal of Economics*, 1968 (82): 175 –197.

[151] Kasarda JD, Janowitz M. Community attachment in mass society [J]. *American Sociological Review*, 1974, 39 (3): 328 –339.

[152] Kasarda, Urban industrial transition and the underclass. Annals of the American Association of Political and Social Science, 1989 (1): 26 –47.

[153] Kearns, A. and A. Parkes. Living in and leaving poor neighborhood conditions in England [J]. *Housing Studies*, 2003, 18 (6): 827 –851.

[154] Kempen, E. Van, and S. Musterd. 1991. High-rise housing reconsidered: Some research and policy implications [J]. *Housing Studies* 6 (2): 83 –95.

[155] Klugman, J. , F. Rodriguez, and H. J. Choi. The HDI 2010: New Controversies, Old Critiques. UNDP – HDRO, New York, 2011.

[156] Knox. The Cambridge Ancient History. 2 Edition: Vol. 5, *Classical Review*, 1994, 44 (1): 99 –101.

[157] Knox. *Urban Social Geography: an introduction* [M]. Prentice Hall (fourth edit), 2000: 1 –80, 90 –152.

[158] Lalli M. Urban-related identity [J]. *J Environ Psychol*, 1992 (12): 285 –303.

[159] Le Goix, R. Gated communities within the cities in the US: Urban neighborhoods or territories apart? Doctorate thesis, geography, Universite′ Paris Panthe′on – Sorbonne, 2003.

[160] Le Goix, R. Les gated communities en Californie du Sud, un produit im-

mobilier pas tout a`fait comme les autres, *L'Espace Ge'ographique*, [J]. 2002 (31): 328 -344.

[161] Lefebvre. H. Reflections on the Politics of Space [J]. *Antipode*, 1976, 8 (2): 30 -37.

[162] Lewis, An Argument for Identity Theory [J]. *Journal of Philosophy*, 1966, 63 (1): 78 -93.

[163] Ley, The Diels - Alder roule to drimane-related sesquitepenes: synthesis of cinnamolide. Polygodial, isodrimenin and warburganal. *Journal of the Chemical Society*: Perkin Transactions 1983, 1 (7): 1579 -1589.

[164] L. Roy, Wesley, John. Management considerations [J]. *A Guide to Internal Loss Prevention* 1986. Pages: 55 -72.

[165] Marcuse, P. he ghetto of exclusion and the fortified enclave: new patterns in the United States [J]. *The American Behavioral Scientist*, 1997 (41): 311 -326.

[166] Marshall, Thomas H. Class, Citizenship, and Social Development, 1964.

[167] Martinetti. Multidimensionality and Complexity on Sen's Functioning Approach [J]. *Review of Economic Studies*, 2000.

[168] Martin. Job decentralization with suburban housing discrimination: an urban equilibrium model of spatial mismatch [J]. *Journal of Housing Economics*, 1997 (6): 293 -317.

[169] McKenzie, E. Privatopia: *Homeowner Associations and the Rise of Residential Private Government* (New Haven and London: Yale University Press), 1994.

[170] Morris, David. Measuring the Changing Quality of the World, 5 Poor: The Physical Quality of Life Index, Brown University Center for the Comparative Study of Development, Working PaPerNo. 23/24 (Providenee, Rl), 1996.

[171] Oakley D, Burchfield K. Out of the projects, still in the hood: the spatial constraints on public housing residents' relocation in Chicago [J]. *J Urban Aff*, 2009, 31 (5): 589 -614.

[172] Ortega. Pareto-improving immigration in an economy with equilibrium unemployment [J]. *Economic Journal*, 2000 (110): 92 -112.

[173] O'Loughlin, J. and Friedrichs, J. (eds.): *Social polarization in post-industrial metropolises*. Berlin, New York: De Gruyter, 1996.

[174] Park RE, The Geographic Factor: Its Role in Life and Civilization [J]. *American Journal of Sociology*, 1936.

[175] Patacchini, Zenou. Spatial mismatch, transport mode and search decisions in England [J]. *Journal of Urban Economics*, 2006 (58): 62 – 90.

[176] Pigou A. C. Some Aspects of the Welfare State [J]. *Diogenes*, 1954 (2): 1 – 11.

[177] Pigou, A. C. The economics of welfare/: vol. 2. Beijing: China Social Seiences Publishing. House, 1999.

[178] Pirttilä, J. and R. Uusitalo. A 'Leaky Bucket' In The Real World: Estimating Inequality Aversion Using Survey Data, [J]. *Economica*, 2010, pp. 60 – 76.

[179] Preston V, Mclafferty S. Spatial mismatch research in the 1990s: Progress and Potential [J]. *Regional Science*, 1999, 78: 397 – 402.

[180] Reitzes DC. Urban identification and downtown activities: a social psychological approach [J]. *SocPsychol Q*, 1986, 49: 167 – 179.

[181] Renaud Le Goix. Gated Communities: Sprawl and Social Segregation in Southern California [J]. *Housing Studies*, 2005, 20 (2).

[182] Rex and More, Immigration and Race in British Politics. International Migration Review, 1967, 2 (1): 51.

[183] Riger S, Lavrakas JP. Community ties: patterns of attachment and social interactions in urban neighborhoods [J]. *Am J Community Psychol*, 1981, 9 (1): 55 – 66.

[184] Rogers. Job search and unemployment duration: implications for the spatial mismatch hypothesis [J]. *Journal of Urban Economics*, 1997 (42): 109 – 132.

[185] Sassen. S. *The global city* [M]. Princeton University Press, 1991.

[186] Sen, Amartya. Capability and well – Being. In: M. Nussbaum and A. Sen (eds), 1993, 30 – 53.

[187] Sen, Amartya. Rationality and Freedom. Cambridge, MA: Harvard University Press, 2002.

[188] Sen, A. International bases of alternative welfare approaches [J]. *Journal of Public Economics*, 1974, pp. 387 -403.

[189] Seth, S. Inequality, interactions, and human development, Journal of Human Development and Capabilities, 2009, pp. 375 -396.

[190] Shen. A spatial analysis of job openings and access in a US metropolitan area [J]. *Journal of the American Planning Association*, 2001 (67): 53 -68.

[191] Sjoquist D L. Spatial mismatch and social acceptability [J]. *Journal of Urban Economics*, 2001 (50): 474 -490.

[192] Smith, Zenou. Spatial mismatch, search effort and urban spatial structure [J]. *Journal of Urban Economics*, 2003 (54): 129 -156.

[193] Soja. The Socio - Spatial Dialectics [J]. *Annals of the Association of American Geographers*, 1980, 70 (2): 207 -225.

[194] Stoll, Raphael. Racial differences in spatial job search patterns: exploring the causes and consequences [J]. *Economic Geography*, 2000 (12): 201 -223.

[195] Torgersen. Housing: the Wobbly Pillar under the Welfare State [J]. *Scandinavian Housing and Planning Research*, 2005 (4): 615 -632.

[196] Tuan Y. Place: an experiential perspective [J]. *Geog Rev*, 1975, 65 (2): 151 -165.

[197] Tuan Y. *Space and Place: The Perspective of Experience. Minneapolis* [M]. University of Minnesota Press, 1977.

[198] Wang, Y. Housing Reform and its Impacts on the Urban Poor in China [J]. *Housing Studies*, 2000, 15 (6): 845 -864.

[199] Wang, Y.. *Urban poverty, housing and social change in china* [M]. London: Routledge, 2004.

[200] Wasmer, Zenou. Does city structure affect job search and welfare? [J]. *Journal of Urban Economics*, 2002 (51): 515 -541.

[201] Williamson, J. G. Reegional Inequality and the Process of National Development: A Description of Patterns [J]. *Economic Development and Culture Charge*, 1965, (4): 3 -45.

[202] Wilson W. Rent Rebates and Local Authority Housing Revenue Accounts

[R]. London: House of Commons Library, 2000.

[203] Wilson, W. J. The truly disadvantaged, the inner city, the underclass and public policy. Chicago: Univ. of Chicago Press, 1987.

[204] World Bank Report 14929 – RU [R]. Russia: Housing Reform and Privatization, 1995.

[205] Zax, Kain. Moving to the suburbs: do relocating companies leave their Black employees behind? [J]. *Journal of Labor Economics*, 1996 (14): 472 – 504.

[206] Zenou, Boccard. Labor discrimination and redlining in cities [J]. *Journal of Urban Economics*, 2000 (48): 260 – 285.

[207] Zenou. How do firms redline workers? [J]. *Journal of Urban Economics*, 2002 (52): 391 – 408.